DES OMBRES SUR L'EUPHRATE

AUTRES OUVRAGES DE LAURENT MARTIN

L'Ivresse des dieux, Gallimard, 2002, Grand Prix de littérature policière.
Or noir, peur blanche, Le Passage, 2003.
Des rives lointaines, Le Passage, 2004.
La Tribu des morts, Gallimard, 2004.

Chroniques de Mésopotamie

Anne Gautier – Laurent Martin

DES OMBRES SUR L'EUPHRATE

LE SERPENT À PLUMES

ISBN : 2268 05457-8

« Les grands dieux rassemblés nous ont imposé la mort comme la vie, nous laissant seulement ignorer le moment de la mort. »

Épopée de Gilgamesh

La Mésopotamie à l'époque de Zimri-Lim

PERSONNAGES PRINCIPAUX

Au palais de Mari

Zimri-Lim, souverain de Mari
Shibtu, princesse du Yamkhad
Elenza et Kudiya, deux suivantes de Shibtu
Addu-Dûri, reine mère
Dam-Hurâsi, première épouse de Zimri-Lim
Bahdî-Lim, intendant du palais
Itur-Asdu, gouverneur de Mari
Shû-Nuhra-Hâlu, ministre des entrées du palais
Burqan, général de la garde royale
Napsi, général des armées
Rishiya, chef de musique
Rabum, un jeune serviteur

Dans la demeure d'Asqudum

Asqudum, devin royal
Yamama, son épouse
Enlil-Îpush, son fils aîné
Kabi-Addu, son fils cadet

Inib-Shina, sa belle-sœur, grande prêtresse d'Addad
Irdizzi, assistant d'Asqudum
Yakun-Bâli, femme d'Irdizzi
Nakatum, Akatiya, Nupur-Adal, leurs trois enfants
Hibram, vieil ami d'Asqudum

Dans la cité de Mari

Nanna, tenancière de taverne
Gurrudu, chef du quartier du port
Paruri, grand prêtre du temple de Dagan
Samarân, intendant du temple de Dagan
Dada, juge
Karshan, artisan du bois
Sâdan, potier

Les diplomates

Iddinu, ambassadeur du Yamkhad
Meni-El, ambassadeur d'Eshnunna
Nasir-Annu, ambassadeur de Babylone
Simah, ambassadeur d'Ekallatum
Kuk-Simut, ambassadeur d'Élam

PROLOGUE

Bannum, le maître des pâtures, l'intendant du palais, avance à pas lents dans le petit corridor, les épaules pesantes, la tête lourde du poids de la gestion de l'État.

Zimri-Lim, le roi de Mari, le souverain des bords de l'Euphrate, est à la guerre. Il mène campagne contre les tribus nomades de l'Ouest qui se sont révoltées contre son autorité. Et Bannum doit en son absence administrer, régenter, s'occuper des nombreux problèmes auxquels le royaume est confronté depuis la récente prise de pouvoir du monarque.

Le palais est calme, les activités ont cessé, elles ne reprendront qu'un peu plus tard, après le repos de chacun, quand la chaleur sera passée.

Bannum poursuit son chemin entre les cours et les nombreux couloirs de l'édifice, lui donnant parfois l'aspect d'un labyrinthe fantastique. Il se passe la main sur une barbe sombre, piquée de blanc, qu'il maintient parfaitement taillée, recevant à son passage le salut de deux fonctionnaires qui attendent en silence devant un vestibule. Il entre enfin dans une large salle, où deux petites ouvertures répandent une lumière pâle, où sur une table en bois se trouve une série de tablettes qui n'attendent plus que son sceau.

Telle une ombre, il se dirige vers la table, le visage obscurci par l'inquiétude, et s'assoit sur un large tabouret. Il soupire. Une douleur vague, lancinante, l'accable depuis le matin.

Il lit les deux premières tablettes qui concernent la nomination de gouverneurs dans certaines villes du royaume. Il faut remplacer progressivement tous les hauts fonctionnaires de l'ancienne administration. Une tâche difficile qui se heurte à la susceptibilité des uns, à l'influence secrète des autres. Il approuve ses choix d'un mouvement de tête et applique son sceau sur les deux tablettes. La suivante est destinée au roi. Bannum lui signifie que sa présence au palais est nécessaire. Il lui conseille de faire rapidement la paix avec les tribus nomades. Et lui rappelle que celles-ci l'ont soutenu au moment de son accession au trône.

Soudain, il a le sentiment d'être observé.

Il redresse la tête d'un coup.

Ils sont trois. Les deux premiers portent des vêtements communs. Il croit reconnaître les deux fonctionnaires qui l'ont salué auparavant. Le troisième se tient en arrière, mais sa silhouette lui semble familière.

Bannum se lève rapidement de son tabouret et demande avec cette voix rauque qui le caractérise :

– Qui vous a permis d'entrer ?

L'un des deux fonctionnaires lui adresse un sourire ironique.

– Personne, maître des pâtures. Mais nous avons quelque chose à te montrer.

– Quelque chose ?

– Oui !

Celui qui a parlé fait apparaître entre ses mains une cordelette de chanvre.

Bannum s'étonne.

Les trois hommes s'avancent rapidement vers lui. Il aperçoit alors le visage du dernier.

– Toi ?

Il tente de crier mais déjà une main se pose sur sa bouche et deux bras lui bloquent les épaules.

Il sent alors la morsure du chanvre autour de son cou. Les trois hommes sont autour de lui, tels des chiens se partageant une dépouille encore chaude. Il aurait aimé savoir pourquoi il meurt. Mais à quoi bon savoir…

Il attrape sur la table, dans un réflexe de survie, la baguette taillée qui sert à écrire. D'un geste désespéré, il taillade la joue de l'un des assaillants. L'homme rugit et frappe le bras de Bannum qui lâche son arme.

L'air vient à lui manquer. La douleur s'amplifie. Son esprit s'embrouille. Ses membres gesticulent en désordre et il renverse la table. Mais à quoi bon résister…

Il est gagné par un étrange sentiment. Bannum ferme un court instant les yeux. Deux choses insignifiantes lui viennent à l'esprit. L'image de son jeune frère, enfant, courant dans une ruelle. Puis un paysage désertique, avec, au loin, une caravane.

Il sourit. Un inquiétant sourire qui remplit de stupeur ses assaillants. Puis il ferme à nouveau les yeux.

Il ne verra pas s'achever la deuxième année du règne de Zimri-Lim, pour qui il a tant fait, ni la justice punir ses bourreaux, sauf si les démons de l'enfer lui permettent de se venger dans l'au-delà.

CHAPITRE 1

En lapis et en or, telle est la parure que porte Shibtu, princesse du Yamkhad, lors de son arrivée dans la cité de Mari.

La grande barque à fond plat atteint enfin sa destination, après neuf jours d'une navigation pénible et hasardeuse, depuis Émar au nord, sous le soleil particulièrement chaud de cette fin d'été. Un chariot bâché, tiré par une paire de bœufs, doit conduire la princesse du pont jusqu'au palais.

Quelques dizaines d'habitants se sont retrouvés sur les quais quand des enfants ont crié que le navire approchait par le canal. On voulait la voir, l'apercevoir, la deviner, cette jeune femme du Yamkhad que Zimri-Lim avait choisie.

Entourée par Elenza et Kudiya, ses deux suivantes, la princesse débarque pour être conduite vers le chariot, qui s'ébranle rapidement. Précédé par une cohorte de soldats, le convoi est suivi à pied par Asqudum et Rishiya, les deux membres de la délégation qui sont allés chercher au Yamkhad la nouvelle épouse du roi, ainsi que par les serviteurs qui les ont accompagnés.

Le soleil de l'après-midi assomme toute vie, toute envie, mais la population, qu'on a réveillée de sa sieste pour l'occasion, commence à se presser le long du parcours.

Shibtu tente d'apercevoir par une petite ouverture cette cité dont elle a tellement entendu parler. Ses deux suivantes essaient comme elles peuvent de rafraîchir leur maîtresse à l'aide d'éventails en palme. La rumeur de la ville qui contraste avec le silence du désert et de l'Euphrate auquel elle s'était accoutumée, la sensation confuse d'être observée et jugée par les habitants dont elle devine les regards curieux et perçoit les paroles inquiétantes, l'étrange chaleur qui règne dans le chariot, toutes ces impressions lui brouillent l'esprit.

Elenza s'aperçoit du trouble de sa maîtresse et demande :

– Tu t'inquiètes pour notre accueil au palais ?

– Je ne me soucie pas de cela. Mon rang nous protégera.

– Alors, que se passe-t-il ?

– Un douloureux sentiment. Je crois que je ne serai pas heureuse dans ce royaume.

Zimri-Lim médite en attendant l'arrivée de la princesse. Échappant quelques instants à l'agitation du palais et aux sollicitations incessantes, il a gagné ses appartements situés au-dessus de la salle du trône. De la terrasse, il contemple la ville : les deux enceintes circulaires qui défendent la cité, le canal reliant Mari à l'Euphrate, le quartier du port, celui des artisans avec son enchevêtrement de ruelles bordées par des maisons étroites, l'esplanade religieuse dominée par le temple de Dagan, les grandes résidences qui entourent le palais.

Mari, sa ville chèrement acquise. Et qu'il s'agit désormais de conserver. Ce mariage politique ne lui déplaît pas. Shibtu n'a pas seize ans, et les messages de Rishiya et d'Asqudum disent qu'elle est fort jolie.

Les négociations avec Yarim-Lim, le souverain du Yamkhad, ont été difficiles. D'autres possibilités s'offraient à lui mais Zimri-Lim a besoin d'une alliance solide pour se lancer dans son grand projet : restaurer la splendeur d'antan de Mari et rétablir la cité dans son rôle de puissance régionale. Au centre d'un jeu diplomatique complexe, entourée qu'elle est par de puissants voisins, le Yamkhad au nord-ouest, Ekallatum et Eshnunna à l'est, l'Élam au sud-est, Babylone au sud, Mari est fort convoitée. Seul le désert de l'Ouest n'ambitionne pas de régenter le petit royaume.

Il appelle et un serviteur se présente sur la terrasse.

– J'ai soif. Apporte-moi de la bière fraîche et fais monter mes tuniques pour ce soir.

Le serviteur s'incline.

Peu après, alors que Zimri-Lim observe le ciel à la recherche de quelques nuages, le serviteur pose sur une table de bois sculptée, un bol et une cruche.

Le roi se sert lui-même.

Le serviteur patiente en retrait tandis qu'il boit.

La bière d'orge est fraîche grâce à la glace qu'il a fait venir des montagnes et qu'il conserve précieusement dans une salle souterraine. Il sent la boisson se répandre dans son corps et l'apaiser.

Il demande soudainement, sans se retourner :

– Que dit-on de moi en ce moment ?

Le serviteur, surpris, se racle la gorge pour se donner le temps de la réflexion.

– On dit que Zimri-Lim est un grand roi.

– Pas de ça avec moi ! Je veux savoir ce que pensent les habitants de la ville. Pas les gens du palais qui sont à mon service.

Le serviteur hésite.

– À vrai dire, selon ce que j'ai entendu, Zimri-Lim n'a encore rien fait qui mérite ou l'amour ou la haine. Personne ou presque n'a d'opinion bien arrêtée. Tant que le grain et l'huile rentrent dans les réserves, tant que la ville n'est pas menacée, tu ne crains rien. Mais l'attachement des gens de Mari change plus vite qu'un ciel d'orage.

– Je vois. Que me conseilles-tu ?

– De faire ce qui pourra te grandir aux yeux des habitants. Il n'y a pas assez longtemps que Zimri-Lim est roi de Mari pour que tous aient oublié le puissant Samsî-Addu et son fils Yasmah-Addu, les rois assyriens qui t'ont précédé.

Zimri-Lim se retourne vivement en pointant le doigt vers le serviteur.

– Je ne veux plus entendre ces noms dans ce palais ! Le seul roi de Mari, c'est moi. Les autres n'existent plus que dans l'histoire passée de ce royaume, et bientôt ils auront disparu à jamais de la mémoire des hommes.

Le serviteur, confus, s'incline.

Avant de le renvoyer, le souverain ajoute :

– Ton conseil est cependant judicieux…

Il se ressert et avale d'un trait sa boisson. Il jette à nouveau un regard vers la ville. Il perçoit l'agitation qui entoure l'arrivée de Shibtu.

Deux autres serviteurs s'approchent. Ils portent sur leurs bras une demi-douzaine de tuniques. Le roi les observe rapidement. Il en choisit une d'une blancheur éclatante, ornée d'un galon d'un bleu intense. Sa simplicité offrira un contraste saisissant avec la splendeur du manteau de cérémonie qu'il a fait réaliser pour l'occasion. Jaune, rehaussé de broderies multicolores aux motifs élaborés, enrichi de perles de lapis-lazuli et de cornaline. Il veut impressionner la princesse, la cour et les visiteurs.

Les deux serviteurs disparaissent.

Zimri-Lim se ressert encore une fois puis se retire dans la pièce attenante à la terrasse qui lui sert de chambre à coucher quand les nuits sont trop chaudes, comme en ce moment. Il s'assoit sur son lit, cale un coussin de laine dans son dos, boit à nouveau. L'alcool lui monte à l'esprit. C'est ce qu'il cherche.

Yakun-Bâli s'éveille en sursaut. Les premiers cris de la foule se sont propagés de maison en maison, de quartier en quartier, jusque dans la demeure. L'ambassade revient du Yamkhad et, avec elle, Irdizzi, son époux. Les rumeurs n'ont donc pas menti.

Elle se lève, se passe le visage et le cou à l'eau, traverse les deux pièces de la maison. Les enfants jouent dans la petite cour en terre battue. Sur le seuil de la porte, elle les observe. Ils sont trois à s'amuser ensemble.

Elle claque des mains. Ils tournent la tête.

– N'avez-vous pas entendu que votre père arrivait ?

– Oui. Mais il ne viendra pas avant le soir.

Nakatum, l'aîné, un jeune garçon âgé de neuf ans, a raison. Le service risque de lui accaparer son époux pour de longues heures encore. Mais attendre jusqu'au soir, alors qu'elle attend depuis des semaines, lui paraît soudain pénible.

Elle fait semblant de sourire à ses enfants qui guettent une réaction de sa part.

– C'est vrai. Jouez encore un peu. Puis vous viendrez m'aider à ranger la maison, à préparer le repas en l'honneur de votre père.

Les trois enfants crient de joie. Déjà les poupées de chiffon et les baguettes de bois s'animent pour recréer des univers insolites qu'eux seuls peuvent voir et comprendre.

Assaya, une voisine, fait alors son apparition dans la cour. Le quartier où vivent Irdizzi, Yakun-Bâli et leurs enfants forme presque une communauté à part. Situé entre les deux remparts de la ville, il regroupe des paysans sans terre originaires des villages longeant les rives de l'Euphrate, au nord de Mari. Tous sont venus en ville pour y obtenir une meilleure situation. Certains sont repartis, d'autres les ont rejoints. Comme la vie n'y est pas facile, que les emplois chez les artisans, chez les commerçants, dans les fabriques royales, sont rares, une forme de solidarité particulière s'y est développée depuis longtemps. Heureusement qu'il y a les jardins que l'on cultive en commun et qui garantissent une part importante de la nourriture quotidienne.

Yakun-Bâli sourit en voyant son amie.

– Irdizzi revient !

– Toute la ville s'est précipitée dans les rues pour voir la délégation.

Irdizzi est au service d'Asqudum, le devin royal, depuis plus de deux ans et il restera encore esclave une autre année. Il a été condamné à servir Asqudum pour une dette qu'il n'a pu honorer. Il doit l'assister lors des grandes cérémonies de divination que le roi ne manque pas de demander à chaque occasion. Le devin royal est plutôt un bon maître et la famille d'Irdizzi ne souffre plus de la faim depuis qu'elle reçoit du grain et de l'huile en quantité suffisante.

Assaya demande :

– Veux-tu un peu d'aide ?

– Non ! J'ai maintenu la maison en état pendant son absence. Je vais préparer le repas pour ce soir. Les enfants m'aideront

– Alors je vais tenter d'apercevoir la princesse. On dit qu'elle est très belle.

– Toutes les princesses ne le sont-elles pas ?
– Uniquement dans les histoires pour enfants.
– Tu me raconteras ?
– Compte sur moi.

Assaya quitte la maison aussi vite qu'elle est venue. Yakun-Bâli retourne dans la pièce principale, avec l'intention de s'occuper le plus possible, pour vaincre l'impatience.

Les ambassadeurs et les représentants des villes commencent à se présenter à l'entrée du palais royal. Voilà plusieurs semaines qu'ils attendent, l'arrivée de Shibtu ayant été retardée par le décès de la mère du roi du Yamkhad.

Shû-Nuhra-Hâlu, le ministre des entrées du palais, se tient dans la salle de garde. Assez grand par la taille, il domine presque toujours les assemblées et on le voit souvent observer avec méfiance ceux qui l'entourent. Son rôle est essentiel au palais. Il contrôle les entrées et les sorties mais il sert également de secrétaire au roi en triant le courrier qui lui est destiné.

La salle de garde, débarrassée du fatras que les huissiers y avaient accumulé, nettoyée avec soin, est désormais ornée d'étoffes peintes d'un motif de circonstance : Ishtar, la déesse de l'Amour. Les serviteurs chargés de conduire les invités dans la cour d'honneur patientent en silence.

Meni-El, l'ambassadeur d'Eshnunna, capitale du pays de Warum, est le premier à y pénétrer. Sa silhouette voûtée et son arrogance sont légendaires. Il n'a pas caché son mécontentement à l'annonce de ces noces. Celles-ci augurent un nouveau système d'alliance du royaume de Mari, dont Eshnunna va sans doute être écartée. Mais il conserve encore quelques atouts en main, qu'il a bien l'intention d'utiliser.

Paraît ensuite Simah, l'ambassadeur d'Ekallatum, royaume des Assyriens. Arrivé en ville depuis peu, il pénètre pour la première fois en tant qu'invité au palais. Simah s'est déjà fait une réputation de bon vivant. On dit que cet homme à l'air vif et joyeux connaît le nom de chacune des filles des tavernes de la cité. En ce qui le concerne, peu importe l'organisateur des festivités, du moment qu'on peut se saouler dignement.

Nasir-Annu le suit. Homme d'expérience, il représentait déjà Babylone avant la prise de pouvoir de Zimri-Lim. Petit et sec, il a un visage sans relief particulier. Son apparence, bien que soignée, reste banale. Sa présence singulière en fait néanmoins un négociateur redoutable. On le voit souvent en compagnie de Simah dans les tavernes et les bordels de la ville. Les meilleures alliances se nouent parfois dans les lieux les plus incongrus.

Les représentants de Saggaratum et de Terqa, villes importantes du royaume de Mari, pénètrent à leur tour dans le palais.

Derrière eux entre alors Iddinu, l'ambassadeur du Yamkhad, qui vient accueillir la fille de son souverain. Grand et fin, son attitude toute précieuse irrite les plus tolérants. Il sait que son aura a augmenté depuis le choix du roi de Mari pour une princesse du Yamkhad, et il excelle à en tirer parti.

D'autres invités moins prestigieux viennent ensuite, et sont accueillis sans grande cérémonie.

Kuk-Simut, l'envoyé de l'empereur d'Élam, arrive enfin. Il passe rarement inaperçu. Grand, roux, un beau visage aux traits réguliers, des yeux d'un vert profond, toujours souriant, d'une exquise politesse, c'est un diplomate respecté. Après s'être excusé de son retard auprès de Shû-Nuhra-Hâlu, il est accompagné par un serviteur vers la grande cour centrale du palais.

En temps normal elle est constamment encombrée d'une foule de gens qui se rassemblent autour du bassin pour bavarder un moment ou qui simplement la traverse. Elle constitue un lieu d'échanges indispensable. On s'y rencontre, on s'y communique les nouvelles, et bien des rumeurs sont nées là, avant d'être colportées en ville.

Le serviteur l'y laisse seul. Kuk-Simut se présente devant deux gardes en uniforme qui barrent de leurs lances l'accès à un couloir. Après s'être inclinés respectueusement, ils laissent le diplomate d'Élam passer et se diriger vers la cour d'honneur où ses pairs patientent autour de boissons et de friandises.

Des petits groupes s'y sont formés et la cour bruisse des conversations et des rires. Des serviteurs vont et viennent entre les groupes pour remplir les coupes de bière et offrir des pâtisseries aux dattes et au miel.

Iddinu, dès qu'il l'aperçoit, s'approche de Kuk-Simut.

– Mon ami, toujours en retard ! Il ne manquait que toi.

– J'ai été retenu.

– Par une femme ? Les femmes te perdront.

– C'est vrai que toi, tu ne risques rien.

Iddinu sourit.

Kuk-Simut ajoute :

– C'est ton jour de gloire, aujourd'hui.

– C'est en effet celui du royaume du Yamkhad.

– Tu sais que tu n'as pas fait que des heureux en réussissant à conclure ce mariage.

– C'est ce qu'on m'a rapporté.

Kuk-Simut attrape au passage une coupe, en boit une gorgée, et se laisse entraîner par Iddinu. Celui-ci désire lui faire admirer les fresques en cours de réalisation.

Zimri-Lim a décidé de recouvrir chacune des parois des principales salles du palais de peintures et de fresques à sa gloire. Il veut impressionner les visiteurs, asseoir son autorité encore fragile et faire rapidement oublier ses prédécesseurs. Une seule est achevée dans la cour d'honneur. On y voit le monarque en costume d'apparat, recevant les insignes de la royauté des mains de la déesse Ishtar. De part et d'autre, des palmiers symbolisent l'abondance qui favorisera le royaume de Mari sous le règne de son nouveau souverain. L'ensemble est placé sous la protection de figures divines et d'animaux mythiques.

La qualité de la réalisation impressionne Kuk-Simut. Les deux hommes échangent quelques considérations artistiques. Ils sont bientôt rejoints par Meni-El, l'ambassadeur d'Eshnunna, qui sourit ironiquement en finissant son gobelet. Peu intéressé par l'art, il interprète leur enthousiasme comme une sorte de complaisance, révélatrice de la faculté de soumission de ses confrères à l'autorité et au pouvoir.

L'homme à la barbe et aux cheveux hirsutes, simplement vêtu d'un pagne sale qui lui couvre les hanches et les jambes, avance en s'appuyant sur un long bâton. Quelques personnes le suivent. Sa démarche est lente. Ses membres semblent raides. Il peut avoir trente ans, mais son état général lui donne l'apparence d'un vieillard. Pourtant, en croisant son regard, on se sent transpercé. Il semble habité d'une volonté, d'une puissance, d'une force, digne d'un héros des légendes anciennes.

De temps en temps, alors qu'il aperçoit des passants, il lance d'une voix forte des propos inquiétants où il est question d'offenses faites aux dieux, de malheurs qui vont s'abattre sur la cité de Mari.

Personne ne le connaît, mais la rumeur dit qu'il vient de Terqa, une ville située plus au nord. C'est sans doute un prophète aux paroles soufflées par la voix même des dieux. Un de ces prédicateurs qui interpellent les puissants, stigmatisent leur conduite et prêchent la repentance.

Le prophète continue d'arpenter les rues et les ruelles, marque des pauses sur les places, boit l'eau qu'on lui tend, mange les fruits qu'on lui offre. Et toujours ces fortes imprécations qui inspirent le mépris de certains, la crainte de beaucoup. Le petit groupe qui le suit va s'élargissant. Ils n'étaient que trois le matin même à son entrée dans la ville, ils sont maintenant une dizaine à l'accompagner et d'autres s'interrogent, prêts à se joindre à eux.

Malgré la chaleur il continue de marcher, annonçant les pires maux pour la ville, dénonçant les impies. Et la jeune princesse du Yamkhad, dont on a croisé le cortège, n'est pas la dernière de ses cibles.

Un homme s'approche humblement de lui. Il commence par lui baiser les mains.

– Seigneur prophète ! Tu répands la crainte dans le cœur des habitants. Que pouvons-nous faire ?

Le prédicateur l'observe un instant. Puis il annonce :

– Les dieux ne sont pas satisfaits.

– Pourquoi cela ? Nous continuons de pratiquer les cultes. Nous donnons aux temples. Le peuple de Mari est toujours aussi fervent.

– Peut-être que le peuple de Mari paie pour d'autres !

– Pour d'autres ? Qui cela ?

– Interroge ton esprit. Tu devineras.

Le prédicateur se retourne et reprend sa route. L'homme lui emboîte le pas, se fondant au milieu de la petite assemblée. Mais après quelques dizaines de mètres il tourne à gauche et s'en va, l'air satisfait.

Burqan, le général de la garde royale, et Napsi, le général des armées de Mari, se préparent. Le roi a demandé qu'ils se présentent dans la salle du trône en grande tenue.

– Les Benjaminites ne se sont pas montrés, semble-t-il. La délégation est revenue et aucun incident n'a été signalé.

– Le fait d'avoir fait une grande partie du trajet en bateau y est pour beaucoup.

– À l'aller, la délégation avait pris la route terrestre.

– Sans doute ont-ils eu peur de notre chef de musique.

Les deux hommes se mettent à rire car Rishiya, le chef de musique du roi, a la réputation d'un piètre combattant, plus du fait de sa couardise que de sa corpulence.

Burqan est plutôt grand. Il dépasse d'une tête la plupart des hommes et impose ainsi à chacun une sorte de soumission presque naturelle. Il vient de la même tribu que le roi et l'a accompagné dès le début de la guerre qui s'est achevée par la conquête de Mari.

À l'inverse, Napsi est petit, mais il possède une puissance de caractère qui en fait un meneur d'hommes. Il a rejoint Zimri-Lim au moment de sa prise de pouvoir. Il a depuis la confiance du souverain.

Un temps, Burqan et Napsi ont été des adversaires. Mais depuis que Zimri-Lim règne, et qu'il a accepté les services de certains de ses anciens ennemis, les deux hommes se sont découverts et appréciés.

Burqan a fini d'ajuster son manteau et attend que Napsi fasse de même.

– Les tribus s'agitent de plus en plus souvent. Les revers qu'ils ont essuyés l'an passé ne leur ont pas suffi.

– Ils n'ont pas eu ce qu'ils pensaient avoir. Oublies-tu que ces tribus nomades nous ont apporté un précieux soutien ?

– De mon côté j'aurais dit qu'elles nous ont trahis en s'alliant avec vous.

– Zimri-Lim sait parler au cœur des hommes, ce que ne savait pas faire Yasmah-Addu.

– Pourtant son père était un grand roi. Secrètement j'ai pleuré sa mort.

– Tu es trop sentimental.

– Je ne suis pas le seul. D'autres pourraient regretter plus amèrement que moi les anciens rois de Mari.

– Tu es au courant de quelque chose ?

– Non, de rien encore. Mais on m'a rapporté des rumeurs. Parmi ceux qui ont perdu le pouvoir, parmi les puissances étrangères, nombreux sont ceux qui pourraient comploter contre le roi.

– Il doit s'occuper de son royaume au plus vite. Et couper l'herbe sous le pied de ses ennemis.

– Il le sait bien.

Les deux hommes quittent enfin la salle d'armes pour rejoindre l'antichambre qui précède la salle du trône, où le souverain a déjà fait son apparition.

À la taverne de Nanna, on a produit de la bière d'orge en grande quantité. Les cérémonies du palais vont avoir des répercussions sur son commerce. Ici aussi on voudra fêter la princesse et le mariage du roi. Pendant plusieurs jours on va avoir soif, avoir faim, avoir envie de plaisirs.

Nanna s'active et contrôle tout ce qui se passe dans son établissement. C'est le plus grand du port, la bière et les filles y sont fameuses sur tout l'Euphrate. La vaste salle du rez-de-chaussée comprend une vingtaine de tables, et quelques chambres à l'étage sont prévues pour les amateurs de plaisirs ou les voyageurs de passage. Des hommes de toutes conditions s'y côtoient ; débardeurs du port, artisans du quartier, commerçants aisés, fonctionnaires du palais qui viennent s'encanailler.

Les clients sont nombreux et des prostituées vont et viennent de table en table, soit pour proposer leurs services, soit pour les inciter à boire un peu plus.

Le commerce de Nanna marche bien. Depuis la mort de son époux, cette petite femme de quarante ans, dont la beauté ne s'est pas encore totalement envolée, a établi seule son activité mercantile. Les débuts furent difficiles, mais elle a réussi à s'imposer dans un monde dominé par les hommes. Et depuis ils sont plus d'un à s'être mis à genoux pour la demander en mariage. Mais elle s'est bien gardée d'en satisfaire aucun.

Elle donne l'ordre de ranger des cruches quand un groupe d'habitués entre dans la taverne. Ils sont six qui travaillent ensemble à charger ou décharger les navires sur les quais.

Mari est une cité commerciale importante où se croisent des bateaux qui montent ou descendent l'Euphrate et des caravanes qui vont d'est en ouest en y faisant étape. Les villes importantes de Mésopotamie y entretiennent d'ailleurs des délégations commerciales. Et chacune dispose d'un ou de plusieurs entrepôts.

Ils s'installent tous les six en riant autour d'une petite table basse, en s'asseyant directement sur des nattes. Nanna leur fait apporter une grande jarre de bière qu'une des filles place au milieu de la table. Elle remet à chacun un chalumeau, sorte de long tube en roseau, qu'ils plongent ensemble dans le récipient pour boire la bière qu'elle contient. Autour de la table, pendant un instant, on n'entend plus que les bruits de succion. Puis les rires reprennent.

Nanna sort un instant de la taverne. Elle observe le quai maintenant presque désert. Certains ont suivi le chariot de la princesse du Yamkhad, d'autres sont retournés se reposer. Nanna se dit par expérience que rien de bon n'est jamais venu du Yamkhad. Sauf le vin peut-être.

Elle interpelle un garçon d'une dizaine d'années qui passe par là et le fait entrer. Elle lui remet une cruche fermée par un scellement d'argile.

– Porte cela à Gurrudu, le chef de quartier. Dis-lui que c'est un présent de Nanna.

Le gamin acquiesce et reçoit une galette chaude sucrée au miel pour récompense. Il quitte la taverne en courant.

Nanna paraît satisfaite. Ce cadeau devrait lui assurer une certaine tranquillité.

Dans le temple de Dagan, Paruri, le grand prêtre, adresse au dieu les paroles sacrées. Un flûtiste et deux harpistes exécutent un hymne à la gloire de la divinité. Enfin le silence se fait et Paruri met fin à la cérémonie. La quinzaine de prêtres, d'officiants, de novices quitte la grande salle du temple sous les yeux clairs de la statue. Paruri se retire alors dans une petite salle située au fond du sanctuaire. Il ôte son vêtement liturgique avant d'être rejoint par Samarân, l'intendant du temple.

Sans le regarder, Paruri ordonne :

– Parle !

– L'heure est grave. Il faut agir rapidement.

– Je ne sais si nous avons raison de nous engager ainsi.

– Il le faut ! Le prestige du temple est en jeu. Les anciens rois manifestaient plus de dévotion et de respect pour Dagan. Où sont les offrandes ? Où sont les symboles de déférence ?

– J'en conviens. Mais Mari n'est pas le sanctuaire majeur de Dagan. Tuttul et Terqa sont mieux servies. Zimri-Lim a maintenu la grande prêtresse de Terqa alors même qu'il s'agit de la sœur de Yasmah-Addu, son ennemi.

– Il ne peut se permettre d'oublier ni de négliger le dieu des bords de l'Euphrate.

– Alors, que lui reproches-tu ?

– De ne pas en faire plus. De ne pas reconnaître Dagan comme la divinité majeure de Mari.

– Que diraient les autres temples ?

– Que nous importent les autres temples !

– Tu oublies que sa propre sœur est prêtresse d'Addad.

– Nous y voilà ! Zimri-Lim fait une mauvaise politique et pour nous et pour la cité.

Les deux hommes sortent du temple et s'arrêtent un instant dans la cour qui le précède. Un sculpteur et son apprenti œuvrent à la réalisation d'une nouvelle représentation de la divinité. On a commandé une statue de Dagan plus impressionnante encore que celle qui est actuellement vénérée.

Samarân poursuit sa démonstration.

– Regarde ! La cour est vide. Deux artisans seulement. Il y a peu, une foule nombreuse se pressait pour apporter des présents et pour rencontrer le dieu.

– La foule reviendra.

– Elle reviendra d'autant plus vite que Dagan sera favorisé par le roi de Mari. J'ai fait les comptes. Je suis inquiet pour le fonctionnement du temple.

– Je comprends ton inquiétude. Mais c'est une décision difficile à prendre.

– Un prédicateur est arrivé en ville.

– J'en ai entendu parler.

– Je suis allé le voir. Je voulais me rendre compte.

– Qu'as-tu appris ?

– Il annonce des malheurs pour notre cité.

– Le malheur s'est souvent abattu sur Mari.

– La population semble craindre ses prophéties. Peut-être qu'il est réellement inspiré des dieux.

– Tu dis cela pour m'influencer. Pour que je vous rejoigne.

Le visage de Samarân, d'ordinaire impassible, s'assombrit.

– Il annonce peut-être un changement. Nous devons nous y préparer et y prendre part.

– Je ne sais pas.

– Viens voir par toi-même. Tu entendras ce que d'autres que moi ont à dire. Et tu décideras ensuite.

Paruri hésite. Puis il cède.

– Je viendrai sans doute.

Samarân approuve et s'en va en silence. Paruri demeure pensif un moment, l'esprit alourdi par le doute. Il quitte ensuite la cour du temple pour rejoindre sa demeure.

Le sort en est jeté.

La traversée de la ville s'achève enfin. Le peuple de Mari, qui a accompagné le convoi, en a fortement ralenti la progression.

Les soldats, le chariot et la délégation se sont arrêtés devant la grande porte du palais.

Le palais de Mari. Vaste rectangle blanchi à la chaux, plus impressionnant par sa surface que par son élévation. Le centre et le cœur palpitant de la ville.

Au-dessus se trouvent des terrasses où l'on peut apercevoir des kiosques ombrageux et des jardins suspendus.

Rishiya, le chef de musique, également responsable du quartier des femmes du palais, s'avance péniblement vers le chariot, soulève la bâche, aide la princesse à descendre.

Asqudum, le devin royal, observe la ville. Il respire lentement, content d'être rentré chez lui. Bien qu'il soit originaire d'Ekallatum, Mari est devenue sa nation. Le devin royal est heureux de la retrouver et, plus tard, de rejoindre sa famille.

Rishiya demande à la princesse de le suivre. Elle tourne un instant la tête. Quelques acclamations fusent de la foule assemblée. Elle se sent fixée par des centaines de paires d'yeux, tel un animal mené au sacrifice. Elle s'avance. Son malaise augmente au fur et à mesure que le murmure enfle autour d'elle. Chaque pas qui la sépare de l'entrée du palais lui demande un effort considérable. Elle s'efforce de se tenir droite, de ne rien laisser transparaître de son trouble. Elle songe aux duègnes et à leurs recommandations incessantes. Toute son attention est concentrée sur ses épaules, légèrement projetées vers l'arrière afin de dégager son cou et de produire ce port princier qui doit la distinguer des autres. Surtout ne pas penser…

Elle pénètre enfin dans ce palais dont on lui a tant de fois parlé. Elle réprime un soupir de soulagement. Elle a réussi à contrôler sa peur. Mais le moment tant redouté de sa rencontre avec le roi approche. Bien que Zimri-Lim ait séjourné à Alep, capitale du Yamkhad, avant de conquérir Mari, Shibtu ne l'a jamais vu. Elle n'était alors qu'une enfant et ne participait pas aux activités officielles de la cour. À présent, en franchissant le seuil du palais, elle endosse définitivement le rôle que son père lui a assigné. Sa vie insouciante de jeune princesse s'arrête ici.

Asqudum entre à son tour.

Shû-Nuhra-Hâlu, le ministre des entrées du palais, est à son office dans la salle de garde. Il adresse à la princesse les salutations d'usage et affirme, en termes forts élégants, qu'il est son esclave. Shibtu ne répond pas. Shû-Nuhra-Hâlu se retourne et les conduit tous les trois au roi.

Ils traversent la grande cour, puis la cour d'honneur, où les ambassadeurs et les représentants s'inclinent sur le passage de la princesse. Elle n'ose les regarder et préfère suivre des yeux la démarche sans grâce de Rishiya qui la guide vers une antichambre.

Shibtu perçoit, intriguée, le murmure d'une fontaine. Elle cherche et distingue sur une estrade la statue d'une déesse tenant un vase d'où l'eau jaillit.

La marche se poursuit et les invités, tel un fleuve venant de briser le barrage qui le retenait, s'engouffrent vivement à leur tour dans l'antichambre.

L'entrée de la salle du trône est gardée par des soldats qui s'écartent pour laisser passer la princesse et la cohorte de ceux qui l'accompagnent.

Le roi est assis à l'extrémité de ce vaste rectangle garni de tentures, entouré par ses deux généraux.

Le regard de Shibtu se pose enfin sur cet homme à la peau cuivrée, au regard noir, et qui est maintenant son maître. Il doit être âgé d'une quarantaine d'années. Il se tient droit, vêtu d'un manteau brodé et coiffé d'une couronne de cuivre ouvragée. Zimri-Lim fait un signe de la tête. La princesse s'avance, entraînée par Rishiya qui la tient par la main. Ils s'approchent du trône peu élevé et se courbent.

Rishiya déclare :

– Mon roi, je t'amène la princesse Shibtu, fille de Yarim-Lim, souverain du Yamkhad, qu'en ton nom j'ai épousée, et qui est maintenant tienne.

Zimri-Lim, d'une voix grave, remercie le chef de musique pour sa loyauté.

Rishiya s'incline à nouveau.

Le roi ajoute :

– Je vais maintenant recevoir.

Rishiya reprend la main de la princesse et la conduit, à travers un tourbillon de corridors, au quartier des femmes. Shibtu se laisse guider sans rien voir de ce qui l'entoure. Elle ne parvient pas à détacher sa pensée du roi, ni à démêler les sentiments contradictoires qui l'assaillent. Zimri-Lim est certes un bel homme, presque séduisant, mais elle n'a pas grand-chose à espérer de ce mariage diplomatique. Au moins il n'est pas gras comme Rishiya. Il ressemble plutôt à Asqudum, qui possède un charme indéniable, une silhouette élancée, presque ascétique, et un regard intense qui ne laisse pas insensible.

Parvenue au quartier des femmes, elle est froidement accueillie par la première épouse Dam-Hurâsi. Shibtu s'y attendait et ne ressent rien de particulier. Le chef de musique met rapidement fin à la rencontre et mène la princesse jusqu'à ses appartements. Les chambres qui lui sont réservées sont vastes et calmes. Kudiya et Elenza sont déjà occupées à déballer ses affaires.

Quelques esclaves font leur apparition.

Rishiya précise :

– Elles sont à ton service.

La princesse acquiesce.

Il ajoute :

– Je te laisse, maintenant, le roi m'attend.

Le chef de musique quitte les appartements d'un pas lourd.

Alors Shibtu se tourne vers les deux jeunes filles qui l'ont accompagnée depuis le Yamkhad. La comédie cesse. Son rôle prend fin pour aujourd'hui. La princesse s'efface devant l'adolescente inquiète. Laissant déborder le trop-plein d'émotions qu'elle a jusque-là refréné, elle se met à pleurer.

CHAPITRE 2

Asqudum ouvre les yeux, regarde le plafond clair, se demande où il est. Les longues semaines d'absence lui ont fait perdre l'habitude de sa propre chambre. Il saute de son lit, pousse un cri de douleur en se tenant les reins, s'approche du bassin en céramique, puise un peu d'eau pour se laver le visage, passe quelques instants à se peigner la barbe, tout en écoutant les bruits provenant de la demeure. Il échange ensuite la tunique blanche et légère qu'il porte pour la nuit contre un vêtement coloré.

Il quitte la pièce, sort par un couloir, se fait surprendre par la chaleur qui règne déjà dans la cour où s'activent de nombreux serviteurs. Asqudum, de par ses fonctions, son rang, sa fortune personnelle, occupe un ancien palais organisé autour d'une grande cour rectangulaire. Réaménagé, il comprend désormais des ateliers de tissage, des réserves, une écurie et des appartements.

Il gagne la cuisine en répondant aux salutations révérencieuses que lui lancent les serviteurs.

La pièce est vide mais le four est allumé ; on doit se préparer à cuire le pain pour la journée. Sur une table en bois il attrape quelques dattes séchées avec l'intention de les grignoter en conduisant son inspection.

Une des servantes entre. Elle salue respectueusement le maître. Avec elle, un large panier d'osier plat contenant de la pâte à pain. La jeune femme demande si le maître a besoin de ses services.

– Non ! Pas encore.

Il abandonne alors la cuisine, se retrouve à nouveau dans la grande cour. Le ciel est d'un bleu intense, le soleil déjà haut, l'été se prolonge encore un peu. Asqudum oublie ainsi que le temps passe de plus en plus vite. Et qu'il vient d'entamer sa quarante-deuxième année.

Irdizzi, son aide, fait son apparition.

– La nuit fut-elle bonne, maître ?

– Oui. J'avais perdu l'habitude d'un bon lit.

– Je vois.

– Comment va ta famille ?

– Très bien. J'ai passé la soirée à leur raconter notre voyage et à leur décrire les villes que nous avons traversées.

– Il faut tout préparer pour la cérémonie. Le roi veut quelque chose d'impressionnant aujourd'hui. Il y aura grande foule au palais.

Irdizzi répond qu'il est aux ordres de son maître et s'éloigne pour entrer dans une petite salle.

Asqudum réfléchit un instant en mâchant une datte dont il recrache le noyau à terre.

Ama, la vieille servante de la maison, l'aperçoit. Elle grogne. Asqudum s'excuse du regard et ramasse le noyau. Ama est, avec le roi, la seule personne que le devin royal craint. Vingt ans qu'elle est à son service. Vingt ans qu'elle lui fait ramasser les noyaux dans la cour.

Il dirige ses pas vers l'atelier. Il entre dans une grande pièce toute en longueur où se trouve une dizaine de femmes alignées. Certaines filent de la laine tandis que d'autres tissent. En sa présence le bruit cesse doucement.

Au fond il aperçoit Yamama, son épouse, accompagnée d'un scribe qui note sur une tablette la production de la veille. Elle se rend compte de son arrivée, laisse seul le scribe, va le rejoindre.

– Comment se porte mon époux ce matin ?

– Du mieux possible. J'ai mal au dos.

– Tu vieillis.

– Tu es bien cruelle.

– Il semble pourtant que tu te sois reposé des fatigues du voyage. Ou, du moins, que tu en aies pris le temps !

Yamama, toujours ironique, avec ses yeux profonds, sa prestance altière, digne des familles de sang royal dont elle est issue.

– Ma maison est-elle en ordre ?

– La laine et l'huile ont été stockées en grande quantité. Les ateliers fonctionnent assez bien, même si je suis obligée d'y veiller. Les champs, à ce qu'on m'a rapporté, pourraient présenter quelques difficultés.

– J'irai moi-même y faire un tour.

Les chuchotements ont repris dans l'atelier, mêlés aux sonorités régulières des métiers à tisser dont le va-et-vient sourd rythme le travail.

Les deux époux quittent les lieux et rejoignent la pièce où le déjeuner doit être servi.

Leur fils cadet, Kabi-Addu, un beau jeune homme de dix-huit ans, un peu timide, un peu gauche, Madalaya, leur plus jeune fille âgée de quinze ans, et Inib-Shina, la sœur de Yamama, ont attendu l'arrivée du maître et de sa femme.

Après les salutations d'usage, les servantes apportent les plats du déjeuner. La bouillie d'orge, les morceaux de poulet, le pain qui sort du four, les dattes, les oignons et l'eau.

Ils avalent en silence leurs premières bouchées, puis Asqudum commence à raconter son voyage. Il fait une description détaillée d'Alep, la capitale du Yamkhad, et de certaines particularités des gens de l'Ouest.

– Nous avons séjourné plusieurs jours dans la cité d'Ugarit. Une ville de marchands et de marins qui se trouve sur la côte et qui commerce avec le monde entier.

Madalaya, de sa petite voix fluette, intervient :

– N'est-ce pas là que s'est établi notre oncle ?

– Oui. J'étais heureux de revoir mon frère. Ses affaires sont prospères. Et vous avez une charmante cousine.

Il parle de la mer, que personne autour de la table n'a jamais vue.

– C'est comme un immense infini bleu. On ne sait pas si cela a une fin.

Kabi-Addu suggère :

– Peut-être que la mer n'a pas de fin.

– Tout a une fin, mon fils, et il existe par-delà la mer des terres et des terres.

Un autre jeune homme apparaît alors ; Enlil-Îpush, le fils aîné d'Asqudum. Il ressemble à son père quand celui-ci avait son âge. Grand, fier, le visage garni d'une courte barbe. Il salue tout le monde, s'assoit à table, se sert en racontant les dernières nouvelles de la ville d'où il revient.

Asqudum demande comment se porte la jeune épouse de son fils.

– Elle est chez ses parents pour plusieurs jours. Ils voulaient la voir avant qu'elle ne donne naissance à notre premier enfant.

Enlil-Îpush a épousé l'an passé la fille de Kibrî-Dagan, le gouverneur de Terqa, une ville importante du royaume ; elle est enceinte de six mois déjà.

Asqudum explique ensuite qu'il a rapporté des présents pour chacun d'eux. Qu'il leur en fera la surprise un peu plus tard.

Madalaya exprime une certaine déception et se console avec la nourriture.

Inib-Shina se lève peu après. Il est temps pour elle de rejoindre le temple d'Addad dans lequel elle occupe la fonction de grande prêtresse, attribution souvent réservée aux filles de roi.

On lui souhaite une bonne journée.

Asqudum parle un instant avec Enlil-Îpush de politique et d'administration. Yamama lève les yeux au ciel.

– Certains postes sont à pourvoir. Ta nomination à Dur-Yahdun-Lim ne devrait plus soulever d'oppositions. Je me suis entretenu avec le roi. Il y est favorable. J'attends sa décision.

– Pourtant, des obstacles demeurent.

– L'administration est une chose lourde et lente qui refuse les brusqueries. Mais nous y parviendrons. Tu partiras d'ici peu administrer cette citadelle du royaume. Tu as été formé pour cela. Bannum n'est plus là pour t'évincer de cette charge comme il l'a fait à Hishamta. Tu dois oublier cet échec et te concentrer sur l'avenir.

Le nom de Bannum, disparu quelques mois plus tôt, provoque un sentiment de gêne autour de la table.

Enlil-Îpush brise le silence en remerciant son père.

Irdizzi apparaît alors sur le seuil de la porte.

– Tout est prêt, maître.

– Déjà ?

L'esclave s'excuse en haussant les épaules. Asqudum se lève de table, l'air résigné.

– Le roi m'attend !

Bahdî-Lim, l'intendant du palais, s'agite depuis le matin. Il court dans tous les sens, ordonne, conseille, sermonne. Le repas de noce a pris du retard. Il cherche des coupables. Pas un cuisinier, pas un serviteur, pas un esclave n'échappe à son courroux. Il règne en maître absolu sur plusieurs centaines de gens et se fait un devoir de contrôler personnellement le travail de chacun.

On le voit partout et nulle part à la fois.

À l'office, où une femme scribe enregistre les livraisons de nourriture, il demande :

– Avons-nous prévu suffisamment pour ce soir ?

– Autant que possible. Le temps nous a manqué pour tout préparer.

– Le roi veut quelque chose de grandiose.

– Il l'aura.

Aussitôt il disparaît et on le retrouve dans les grandes salles où des cuisiniers et des aides trient la nourriture qu'on apporte de toutes les réserves disponibles. Des dizaines de mains coupent en morceaux les volailles et les viandes qu'on va laisser macérer toute la journée. Certains préparent la pâte pour le pain qu'on va cuire au dernier moment. D'autres transvasent la bière et le vin des grandes jarres dans des récipients plus petits et plus adaptés au service. On filtre, on cuit, on tranche, on chauffe, on grille. Et toujours Bahdî-Lim qui virevolte au milieu de ce ballet culinaire et frénétique, jetant des regards inquiets sur cette scène où tous œuvrent, s'affairent, s'agitent, pour le plaisir et la gloire du souverain de Mari.

De temps en temps, quand on le trouve, on vient lui faire déguster une sauce, un mets, une douceur. Bahdî-Lim est faible quand il s'agit de nourriture. Alors il goûte, juge, conseille, fait rectifier. Tout en poussant des soupirs.

– Vous allez me faire mourir.

On le flatte :

– Tu es si juste dans tes jugements.

Et il repose, tristement, une aile de palombe à demi dévorée dans le plat qui se trouve devant lui, tout en avalant un peu de bière noire.

Un doute l'assaille. Il interpelle un jeune serviteur qui passe par là.

– Ton nom ?

– Rabum, maître intendant.

– C'est vrai ! Je perds la tête. Va me chercher le chef des cuisiniers.

– Bien, maître intendant.

Le jeune homme s'exécute et revient rapidement en compagnie d'un homme court et joufflu.

– Que veut l'intendant du palais ?

– Les ambassadeurs doivent quitter le palais satisfaits. Prépare de nombreuses douceurs au miel pour ce soir.

– Nous en ajouterons.

– Et les fruits ?

– J'ai des dattes et des figues. J'ai demandé des grenades mais rien n'est arrivé.

– Je m'en occupe. Retourne à ta tâche.

Le chef des cuisiniers s'incline et quitte la pièce. Le jeune Rabum en fait autant, heureux de s'en tirer à si bon compte.

Bahdî-Lim retourne voir la scribe qui note les entrées de marchandises. Il lui donne l'ordre d'envoyer à l'instant quelqu'un au marché et d'en rapporter des grenades. Toutes les grenades qu'on trouvera. Puis il se dirige vers la cour où se tiendra la fête. Il est en sueur. Il a chaud. Une foule de serviteurs disposent des bancs, des tabourets, des nattes, pour les invités du soir. On installe également l'estrade pour la table du roi. Bahdî-Lim vérifie que, d'où il sera, le roi pourra être vu de tous et voir chacun. D'un geste il rectifie un alignement de table, une tenture, une natte. Un de ses secrétaires vient lui signaler que les danseuses se sont présentées. Bahdî-Lim ordonne de leur trouver des boissons et de les faire patienter dans une salle où elles pourront répéter.

Il se fait ensuite porter un gobelet de vin. Il a juste le temps de l'entamer qu'un autre secrétaire vient lui rappeler qu'il est attendu au Conseil du roi.

Bahdî-Lim s'éponge le front à l'aide d'un morceau de sa tunique.

– Jamais je ne serai prêt pour ce soir.

Un navire vient d'accoster. On a détaché les mules qui l'ont halé sur le canal depuis l'Euphrate. Déjà les porteurs se présentent tandis qu'un marchand fait des signes et que les administrateurs du port, qui sont trois ce jour-là, se préparent à monter à bord pour contrôler la marchandise et prélever les taxes.

Le long bateau à fond plat remonte l'Euphrate jusqu'à Karkemish. Il doit décharger à Mari de lourds lingots de cuivre destinés au palais royal, sans doute pour en faire des armes et des outils, et charger de l'huile pour le compte d'un marchand qui attend depuis deux jours son arrivée. Il transporte également un groupe de Babyloniens allant vers le nord rejoindre un parent qui tient une maison de commerce. Il y a là trois hommes, quatre femmes, six enfants. Les Babyloniens descendent du bateau pour se diriger vers l'une des tavernes du port. La halte doit durer plusieurs heures.

Les trois administrateurs montent à bord les premiers. Les porteurs, quant à eux, se tiennent prêts à agir quand l'ordre leur en sera donné.

Une petite foule s'est assemblée. L'arrivée d'un bateau, même si cela est fréquent, attire toujours un peu de monde. On veut toujours savoir ce qui se passe de neuf, de curieux, d'inquiétant, dans les autres royaumes de Mésopotamie.

Les fonctionnaires notent en détail sur leurs tablettes toutes les informations nécessaires. Ils sont précis, rigoureux, fiers de leur mission, petits rouages qu'ils sont d'une lourde administration qui contrôle, régente, organise la vie de la cité.

Enfin ils donnent l'ordre de procéder aux opérations de transbordement. Les lingots de cuivre sont chargés sur des chariots. Les jarres d'huile sont installées à bord, bien calées les unes contre les autres. Le marchand paie la taxe : trois jarres d'huile, qui iront rejoindre les réserves du palais royal en même temps que les lingots de cuivre.

L'opération a duré pratiquement deux heures. On fait revenir les mules qui se sont reposées. Alors le capitaine crie l'ordre de se préparer. On lui fait remarquer que les Babyloniens ne sont pas à bord. Il envoie un de ses marins faire le tour des tavernes pour leur dire de se dépêcher. Le marin revient en courant, suivi par les voyageurs qui embarquent rapidement tandis que les mules commencent à tirer sous le fouet de leurs conducteurs.

Le bateau quitte lentement le quai et s'éloigne de la ville pour rejoindre l'Euphrate.

L'observateur attentif qui aura assisté à l'arrivée et au départ du navire aura pu remarquer que si trois hommes de Babylone en sont descendus, seuls deux d'entre eux ont rembarqué.

Asqudum est introduit dans la salle où Zimri-Lim va tenir son conseil. Napsi, le général des armées de Mari, Bahdî-Lim, l'intendant du palais, Itur-Asdu, le gouverneur de la région de Mari, Shû-Nuhra-Hâlu, le ministre des entrées du palais, certains fonctionnaires et plusieurs scribes sont déjà présents.

Asqudum salue les membres du Conseil. Le roi n'étant pas encore arrivé, il demande à s'entretenir en privé avec Itur-Asdu.

Le gouverneur de Mari est un homme

austère, peu capable de fantaisie, et dont l'ambition est certaine.

– Que veut le devin royal ?

– Te parler d'une affaire matrimoniale.

– Je t'écoute.

– L'une de tes filles va avoir quinze ans. J'ai un fils de dix-huit ans. Il serait bon de les unir.

Itur-Asdu, dont le visage reste impassible, lève lentement les yeux au plafond.

– Ton fils et ma fille ?

– Oui !

– Voilà une belle proposition. Comment refuser une alliance avec le devin royal ?

– J'en suis heureux.

Les deux hommes s'embrassent pour sceller leur accord. Plus tard, il leur faudra régler le problème de la dot.

Au même instant, on annonce l'entrée du roi.

Tout le Conseil s'incline au passage du souverain de Mari. Le roi s'assoit sur un grand tabouret. La séance peut commencer.

Un scribe remet à Zimri-Lim une lettre pour le gouverneur de Qattara, ville du royaume de Mari. Le roi n'a plus qu'à relire avant d'y apposer son sceau. Un autre scribe s'approche. Il a avec lui plusieurs tablettes arrivées le jour même. Il commence la lecture de plusieurs rapports administratifs sans grande importance et qui ne nécessitent pas de réponse.

Zimri-Lim a imposé à chacun de ses gouverneurs de l'informer en détail de ce qui se passe dans le royaume et les lettres arrivent, en grand nombre, chaque jour au palais. Shû-Nuhra-Hâlu est chargé avec ses secrétaires d'en faire un premier tri avant d'en proposer un compte rendu au roi.

Vient le moment d'évoquer la nomination de certains fonctionnaires.

Un scribe s'approche et lit :

– Le poste d'intendant de Dur-Yahdun-Lim. Proposition est faite pour Enlil-Îpush, fils d'Asqudum.

Aussitôt une rumeur naît parmi certains des fonctionnaires présents au Conseil.

Asqudum tourne la tête pour observer ceux qui en sont à l'origine.

Le roi s'en étonne :

– Ma décision serait-elle contestée ?

L'un des fonctionnaires du palais, un homme maigre, au regard presque cruel, portant une cicatrice à la joue, ose parler :

– Il n'est pas de notre devoir de contester notre roi. Juste de le conseiller.

– Je t'écoute.

– De par l'origine de sa famille, ne peut-on craindre que cette décision soit mal perçue ? Enlil-Îpush, fils d'Asqudum, ici présent, n'est-il pas originaire d'Ekallatum ? Comment installer un citoyen du pays assyrien, ancien oppresseur de Mari, à la tête d'une citadelle de ton royaume ?

Asqudum sait que son origine, malgré sa fonction auprès du roi, malgré son mariage, sera toujours une source d'ennuis. Il en a une nouvelle fois la preuve. Mais il devine qu'il s'agit là d'un prétexte. Que sans doute ce fonctionnaire a suggéré un autre nom pour le poste.

Le roi demande :

– Quelle est la qualité première de mes fonctionnaires ?

L'homme balafré réfléchit un instant.

– Sans doute la fidélité.

Le roi confirme.

– Asqudum est l'un de mes plus fidèles serviteurs. Comment son fils pourrait-il être différent ? Qu'importe son origine. Ils sont nombreux ceux qui servaient les anciens rois de Mari et qui maintenant me servent. Aurais-je dû les chasser tous du palais, comme certains me l'ont conseillé ?

Le fonctionnaire s'incline sans répondre. Juste avant son recul, Asqudum aperçoit dans son regard noir toute la haine qu'il est capable d'exprimer.

Le devin royal s'approche de Bahdî-Lim et lui murmure à l'oreille :

– Comment s'appelle ce fonctionnaire ?

– Lui ? Asharid ! Pourquoi ?

– Juste pour savoir.

On nomme d'autres fonctionnaires. Et sur la liste établie par le scribe, le roi déroule son sceau.

Un secrétaire lit ensuite une note sur les agissements des tribus benjaminites. Le commandant de la citadelle de Dur y explique que, par deux fois durant la précédente semaine, des caravanes venant de Karkemish ont été attaquées par les nomades. Il demande des instructions.

Le roi s'adresse au général des armées :

– De quelles forces dispose la citadelle ?

Sans hésiter Napsi répond :

– Mon roi, la forteresse peut compter sur une unité d'une centaine d'hommes environ.

– C'est bien peu pour mener une attaque.

– Nous pouvons la renforcer.

– Sans doute. Qu'en penses-tu, devin ?

En plus de ses fonctions de devin royal, Asqudum est en charge de la diplomatie et de la négociation de traités avec les autres royaumes. Asqudum est généralement prudent.

– Je sais pour avoir fait deux fois le chemin que les attaques des Benjaminites sont assez rares et guère prévisibles. Ces tribus sont mobiles et rapides. Plutôt que de les affronter directement, il serait sans doute bon d'en faire de vrais alliés. Les rives de l'Euphrate sont maintenant pacifiées. Mon roi pourrait octroyer le contrôle du flanc désertique de son royaume à ces tribus en échange d'une allégeance.

– Pourquoi l'accepteraient-ils ?

– Pour le prestige d'entrer dans ta famille. Ils t'en seront éternellement reconnaissants.

Zimri-Lim interroge les autres membres du Conseil.

Le gouverneur de Mari explique que le roi, quoi qu'il fasse, ne doit jamais faiblir.

Le général des armées intervient :

– Ils ne deviendront nos alliés que s'ils savent que nous leur sommes supérieurs.

L'intendant, qui n'a encore rien dit, ajoute qu'il faut absolument que les routes soient les plus sûres possible. Une partie du commerce de Mari en dépend.

Le roi observe un à un ses ministres présents. Puis il décrète :

– J'aime assez l'argument de mon général des armées. Dans deux jours je prendrai la tête d'une armée que je conduirai jusqu'à la citadelle de Dur. Nous montrerons à ces tribus ce qu'il advient quand on refuse de se soumettre au roi de Mari.

Le général et le gouverneur semblent satisfaits.

Asqudum et Bahdî-Lim s'inquiètent d'une telle entreprise.

Le général des armées précise :

– Je peux faire préparer deux unités de deux cents hommes chacune et la garde royale.

– Qu'il en soit ainsi.

Le roi dicte à l'un des scribes l'ordre de mobilisation qu'il signe de son sceau. Un messager est appelé pour porter l'ordre à la caserne.

Un scribe se prépare à lire une nouvelle tablette, mais d'un geste Zimri-Lim l'arrête.

– C'est jour de fête aujourd'hui ! Le travail attendra demain.

Les scribes et les fonctionnaires s'inclinent et quittent la pièce, suivis par Bahdî-Lim et Itur-Asdu. Seuls le général des armées, le ministre des entrées et le devin royal restent, à l'invitation de Zimri-Lim.

– Ce soir, pour le repas de noce, il y aura tous les ambassadeurs. Je veux que, le vin aidant, vous les sondiez afin de savoir quels sont leurs sentiments et ceux de leurs États vis-à-vis de mon royaume. Eshnunna m'inquiète. Babylone aussi.

Les trois hommes approuvent de la tête.

Le roi ajoute :

– Allons nous reposer puis nous préparer.

Shibtu, allongée sur son lit, attend qu'on lui apporte ses habits, en enroulant nerveusement ses cheveux longs et bouclés autour de ses doigts. Kudiya lui raconte ce qu'elle a compris du fonctionnement du palais :

– Toute la vie du royaume se concentre ici. C'est incessant. Ils sont des dizaines et des dizaines à œuvrer pour l'administration. Messagers, petits et grands fonctionnaires, serviteurs, intendants, scribes, ouvriers, esclaves.

Comme dans une fourmilière, chacun semble donner son temps et son énergie pour le roi…

Une femme, que Shibtu n'a encore jamais vue, entre alors sans se faire annoncer.

Petite, élégante, elle doit approcher des soixante ans et porte autour des bras de nombreux bracelets métalliques qu'elle fait tinter à chacun de ses gestes. Shibtu devine qu'il s'agit là d'une femme importante du palais.

La visiteuse ne dit rien. Elle observe. Puis elle signifie à Kudiya de se retirer.

Kudiya regarde sa maîtresse afin d'obtenir son assentiment.

Shibtu confirme l'ordre et la jeune suivante quitte rapidement la chambre.

Enfin la visiteuse brise le silence.

– On m'a dit que tu étais jolie. C'est très en deçà de la vérité. Je suis Addu-Dûri, la mère du roi.

Shibtu baisse les yeux.

– Je suis ta servante, ma mère.

– Tu es surtout celle du roi.

Shibtu a déjà entendu parler de cette femme qui domine toute une partie du palais et qui, dit-on, domine également son fils.

– Que puis-je pour toi, ma mère ?

– Rien d'autre que de te comporter comme une épouse royale.

– Je ferai de mon mieux.

– C'est bien la moindre des choses.

Le ton est sec. Shibtu est mal à l'aise. La mère du roi, qui a un regard clair et puissant, impose par sa simple présence le respect, la soumission et le silence.

Addu-Dûri s'approche et s'assoit sur le lit. Lentement elle attrape la main de Shibtu en faisant à nouveau tinter ses bracelets métalliques. La princesse se sent défaillir.

Addu-Dûri change la tonalité de sa voix. Quelque chose de plus doux, de plus amical, sort de sa bouche.

– Nous, les femmes, nous sommes bien à plaindre. Comme toi j'ai été donnée à un homme puissant par mon père. Comme toi j'ai été arrachée à ma famille pour me retrouver seule dans un palais inconnu. Mais je me suis imposée. Nous avons nos armes, nous, les femmes. Et si tu les utilises au mieux, tu deviendras plus puissante dans ce palais que l'intendant lui-même. As-tu compris ?

Shibtu fait un signe de la tête. Elle ne sait que penser de cette intervention. De nombreuses femmes appartiennent à la maison du roi, et Shibtu imagine déjà qu'on tente de lui faire jouer un rôle dans un jeu d'intrigues familiales.

La mère du roi se lève.

– Je te laisse. Tu dois impressionner ton époux et le palais ce soir.

Elle se retire après lui avoir caressé la joue.

Shibtu reste un instant sans rien faire, perdue dans ses pensées, puis elle appelle ses suivantes.

– Maîtresse ?

– Rendez-moi aussi belle qu'une déesse.

Le groupe de porteurs, éreintés par une matinée de labeur, s'installe autour d'une table basse. Nanna leur fait servir des dattes et de la bière d'orge. Les premiers pichets sont rapidement bus, et d'autres sont apportés. On discute de tout et de rien, de l'arrivée de la princesse et des bateaux, de la chaleur qui persiste. Les voix montent et des jeunes filles se joignent à eux.

Vêtu à la mode des gens du Sud, l'air sombre, le visage tanné, l'homme, arrivé le matin même par le bateau, s'est assis dans le coin le plus isolé de la taverne, après avoir commandé de la bière, du pain et des oignons.

Une des filles tente une approche. Elle se fait rejeter.

– Je n'ai pas l'esprit à ça.

Nanna se dit que les cérémonies vont attirer toute la lie des rives de l'Euphrate. Elle n'aurait pas dû accepter de louer une chambre à cet homme étrange qui se fait appeler Malik, nom trop royal pour être honnête.

Les porteurs se laissent de plus en plus aller aux joies primaires du rire et de l'ivresse.

Alors, du fond de la salle où il tente de s'assoupir, Malik élève la voix :

– Ne peut-on être tranquille un instant ?

Les porteurs et leurs compagnes se taisent, mais rapidement les conversations reprennent.

Malik se lève, s'approche de la grande table, observe un à un les hommes. Du mépris plein ses yeux. Puis il sort de l'établissement.

Passé ce moment de tension, la bière aidant, l'atmosphère s'allège.

L'un des porteurs évoque sa rencontre avec un prédicateur venu du Nord. Les autres se moquent de lui.

– Pourtant il annonce des choses terribles pour notre ville.

– Par exemple ?

– Je ne sais pas. Des malheurs qui pourraient tous nous atteindre. Ce sont les dieux qui parlent à travers lui.

– Que propose-t-il ? Que demande-t-il ?

– Rien pour le moment.

Ses compagnons éclatent de rire.

– Un prédicateur qui ne demande rien et qui ne propose rien, ça ne s'est jamais vu.

– C'est pour ça que c'est inquiétant !

Dans la cour d'honneur du palais, les invités se pressent autour des serviteurs qui versent des boissons. Un peu d'enivrement s'impose en ce jour de fête. Des représentants des marchands et des artisans de la ville ont été conviés.

Tous les ministres du roi, tous les hauts fonctionnaires, tous les ambassadeurs sont également présents. La centaine d'invités va profiter de la générosité de Zimri-Lim. On annonce un repas digne des dieux, tous ou presque ont répondu à l'invitation.

Shû-Nuhra-Hâlu et ses aides contrôlent les entrées, vérifient qu'on ne tente pas de pénétrer dans le palais sans autorisation, tout en veillant à choyer les ambassadeurs.

Bahdî-Lim, de temps en temps, vient jeter un coup d'œil dans la cour pour vérifier qu'il ne manque rien.

On commence à rire, à plaisanter, quand Asqudum entre, suivi de son aide Irdizzi. Ils ont revêtu des habits de cérémonie pour l'occasion. La divination qu'ils s'apprêtent à rendre est de la plus haute importance.

Deux serviteurs placent une table au milieu de la cour et apportent un récipient de céramique. Les invités reculent et forment un large cercle. Un troisième serviteur arrive, tenant un jeune agneau. Le silence se fait.

Asqudum salue la foule, fait des signes aux principaux invités.

Le serviteur pose sur la table l'agneau dont les pattes ont été liées. Irdizzi sort un à un les instruments qu'il place à côté. Les deux couteaux rituels en argent, le plateau de cuivre, le tissu et les tablettes où sont notés sous forme de listes les différents types de présages que les prédécesseurs d'Asqudum ont déjà observés.

Irdizzi glisse le récipient sous la table afin de recueillir le sang de l'animal.

Les invités observent attentivement les gestes méticuleux du devin et de son aide.

Asqudum se concentre. Il lève les yeux au ciel et invoque le dieu Shamash.

– Le mariage royal sera-t-il heureux ?

L'assemblée attend avec impatience la réponse.

Irdizzi tranche le cou de l'animal. Le sang coule rapidement. L'agneau fait quelques mouvements mais se résigne bien vite à son sort. Quand il cesse de vivre, Irdizzi lui ouvre le ventre. Les viscères chauds se répandent dans le plateau de cuivre.

Asqudum s'approche de la bête et commence les observations. Il compte mentalement les indices favorables et les indices défavorables. Puis il se concentre sur le foie, la principale source de présages. Dans l'assemblée, certains commentent à voix basse ce qu'ils voient. Quand le devin est satisfait, il s'essuie les mains.

Puis il lance solennellement :

– Le dieu m'a répondu. Les présages sont bons. Le mariage sera heureux.

Des rumeurs bienveillantes se propagent rapidement dans la foule rassurée. La fête reprend tandis que les trois serviteurs retirent la table de divination et que le devin royal quitte la cour pour se changer.

On va annoncer au roi le résultat de la prédiction.

Les ombres commencent à se fondre dans l'obscurité qui gagne la cité. Malik se glisse entre les ruelles de la ville. Il a changé sa tenue qui marquait trop son origine pour quelque chose de plus discret. Un passant sur son chemin l'aurait défini comme un simple marchand revenant d'une inspection tardive dans l'un de ses entrepôts.

Malik prend la rue, plus large que les autres, qui mène en pente douce vers le palais. Il s'en approche. La porte principale est gardée par une demi-douzaine de soldats. Il sait qu'un repas de fête y est donné en l'honneur de la nouvelle épouse du roi. Il s'arrête un instant, observe rapidement, et reprend son chemin en faisant lentement le tour de l'imposant bâtiment. Des échafaudages et des amas de briques attendent contre le flanc occidental. Zimri-Lim a ordonné la construction d'une extension qui doit servir à l'administration du royaume.

Il arrive à l'arrière où les portes de service sont également gardées. Il s'adosse contre un mur et attend.

Quelques minutes plus tard un serviteur sort, regarde autour de lui, semble chercher quelque chose.

Malik, toujours adossé, lui fait un signe de la main.

Le serviteur s'approche.

– Es-tu l'homme du Sud ?

– Je suis celui que tu cherches.

Le serviteur lui remet une petite tablette d'argile, et se dépêche de retourner à l'intérieur du palais.

Malik fait un effort, quêtant la moindre parcelle de lumière, pour en lire le message. Il sourit d'un air satisfait. Il pose ensuite la tablette au sol et l'écrase pour en effacer le contenu. Puis il s'éloigne lentement.

Irdizzi ramasse les objets rituels. Son travail consiste maintenant à les purifier le plus rapidement possible avec de l'eau claire.

Il quitte la cour où les invités attendent l'arrivée du roi et de son épouse. Il se dirige vers les cuisines en croisant en chemin les serviteurs allant et venant, portant les mets du repas. Il entre dans l'une des nombreuses petites salles qui les composent, où il sait pouvoir nettoyer ses ustensiles. De grandes jarres sont alignées contre un mur. De l'une d'elles il tire de quoi laver soigneusement les deux couteaux de cérémonie et le plateau de cuivre. Puis il jette l'eau usée vers la rigole creusée à cet effet dans le sol de la pièce. Il replace les objets rituels dans leur sac, sort de la pièce et traverse les magasins de stockage pour rejoindre une des portes secondaires du palais.

Alors qu'il s'avance lentement dans un couloir sombre et calme, il perçoit les bribes d'une conversation. Peut-être deux ou trois personnes.

La curiosité fait qu'il s'arrête un instant pour écouter. Les bruits proviennent de l'une des alcôves servant de réserve. Il ne reconnaît pas les voix mais quelques mots lui parviennent. Le peu qu'il comprend suffit à l'inquiéter. Il faut prévenir rapidement le devin royal.

Il laisse là ses affaires et, dans le plus grand des silences possible, retourne sur ses pas pour regagner rapidement la cour d'honneur. Dans la foule nombreuse il cherche du regard Asqudum qui doit être revenu. Il le trouve en compagnie d'un ambassadeur.

Il s'approche.

– Maître, il faut que je te parle.

– Plus tard !

– C'est important.

– Ne vois-tu pas que je m'entretiens avec l'ambassadeur d'Ékallatum ?

Irdizzi s'incline légèrement devant le représentant des Assyriens. Il insiste cependant :

– J'ai entendu une chose grave.

Asqudum se fâche :

– As-tu fini ton travail ? As-tu rapporté les objets rituels chez moi ?

– Non, maître.

– Et n'est-ce pas ce qui est le plus important ?

– Oui, maître.

Irdizzi quitte la cour d'honneur et retourne vers la cuisine. Son esprit est troublé. Des serviteurs passent sans faire attention à lui, sans remarquer sa pâleur. Il retrouve le sac de cérémonie là où il l'a laissé.

Alors qu'il le ramasse, il entend une voix, dans l'ombre, qui le fait sursauter.

– N'es-tu pas l'esclave du devin ?

Irdizzi est pris d'un frisson. Il se retourne.

– Oui !... Pourquoi cette question ?

– Approche !

Irdizzi reconnaît celui qui lui a parlé. Il sourit, presque rassuré. Il fait deux pas en direction de ce fonctionnaire dont il ne connaît pas le nom et qui porte une cicatrice sur la joue.

Mais son sourire se fige à l'instant où il sent une étrange douleur autour du cou.

Un lien le serre, l'empêche de respirer, lui brûle la peau. Quelqu'un, derrière lui, l'étrangle tout en le tirant violemment en arrière, jusque dans une alcôve. L'homme à la cicatrice n'a pas bougé.

Irdizzi lâche le sac de cérémonie et porte les mains à son cou. Il tente d'arracher la corde. Il se débat sans relâche. Le manque d'air l'empêche de crier. Il parvient à glisser ses doigts sous la corde. Un peu d'air lui gagne les poumons. Mais il reçoit un coup violent sur le côté.

Il lutte encore. Pourtant il sent que ses forces l'abandonnent. Il tente une dernière fois d'agir. En bougeant, en tournant sur lui-même. À nouveau il reçoit un coup. Le combat est trop inégal. Il ne peut plus respirer. Il tombe alors à genoux. Sa vision s'altère, son esprit se voile.

Une dernière fois il tente de parler mais sa voix est bien faible.

– Maître…

Et il s'effondre.

Les invités n'ont pas encore pris place sur les sièges ou les nattes qui leur sont destinés. On attend pour cela l'arrivée du souverain. Des serviteurs passent et repassent, proposant sur des plateaux de cuivre des criquets grillés, des ailes de palombes, des petits pains farcis, pour accompagner les boissons.

Burqan, le général de la garde royale, entre précipitamment dans la cour. Il s'approche d'Asqudum qui est en train de parler aux ambassadeurs de Babylone et d'Élam.

Il pose sa main sur l'épaule du devin.

– Permettez que je m'entretienne un instant avec Asqudum.

Les deux ambassadeurs s'inclinent et s'éloignent.

Le devin royal s'inquiète :

– Que se passe-t-il ?

– Il est arrivé quelque chose de grave. Suis-moi.

Les deux hommes quittent la cour. Ils parcourent en silence les quelques pièces qui les séparent de l'entrée des cuisines qu'ils traversent rapidement. Deux gardes sont postés devant une alcôve.

La situation paraît inhabituelle au devin.

– Vas-tu m'expliquer ?

– Regarde par toi-même.

Burqan attrape une lampe à huile et l'approche de l'alcôve tandis que les deux gardes s'écartent.

Asqudum porte la main à la bouche.

– Grands dieux !

Il vient de reconnaître Irdizzi qui gît à terre, inerte, les yeux révulsés.

– C'est un des cuisiniers qui l'a découvert.

– Qui a fait ça ?

– Personne ne le sait.

Asqudum s'approche de son esclave. Il ne peut que constater sa mort. De la main il lui ferme les yeux. Troublé, ne comprenant pas ce qui se passe, il recule d'un pas.

Burqan demande d'une voix calme :

– Que doit-on faire de lui ?

Asqudum le regarde, hésite, et finit par dire :

– Fais-le porter le plus discrètement possible chez moi. Je ferai prévenir sa famille. N'affole personne. Ne touchez à rien. J'en parlerai moi-même au roi.

Puis il aperçoit le sac de cérémonie sur le sol et le ramasse.

Burqan donne ses ordres tandis qu'Asqudum s'éloigne lentement, l'âme lourde.

La foule commence à s'exciter. On vient enfin d'annoncer l'arrivée du roi et de son épouse. Les serviteurs s'immobilisent.

Zimri-Lim et Shibtu font leur apparition. Le roi porte une tunique blanche, lumineuse, rehaussée de galons brodés et de pierreries. Shibtu a revêtu la robe écarlate qu'elle a apportée du Yamkhad pour la cérémonie. Ils forment un étrange couple. Un beau couple pourtant.

Le roi et son épouse s'assoient sur l'estrade, d'où ils dominent la foule des invités. Selon le protocole, chacun s'avance devant Zimri-Lim et la princesse, et salue longuement avant de rejoindre sa place.

L'ambassadeur du Yamkhad a été admis à la table du roi. Les autres ambassadeurs et les gouverneurs ont des places de choix sur des tabourets ou des bancs. Les invités moins prestigieux devront se contenter de nattes posées sur le sol. Mais le simple fait de manger en compagnie du roi suffit à les contenter.

Des musiciennes s'installent dans un coin de la cour et les premières notes s'élèvent à l'instant où les premiers plats sont disposés devant les invités.

Asqudum fait bonne figure, souriant distraitement à ceux qui s'adressent à lui, sans réellement prêter attention à leurs propos. Il se sent incapable d'avaler quoi que ce soit, refusant les œufs d'autruche, les viandes, les poissons et les gâteaux. Il se force à manger un peu de pain sucré au miel et quelques fruits afin d'atténuer l'effet des nombreux gobelets de vin que lui passent les serviteurs. Il entend conserver son esprit le plus clair possible même si, à ce moment de la fête, il préférerait s'oublier dans l'ivresse et le chagrin.

Au milieu du repas les invités sont conviés à féliciter le roi et sa nouvelle épouse. En un long cortège ils vont une nouvelle fois s'incliner devant le couple royal en formant des vœux de bonheur.

Le banquet reprend et se prolonge tard dans la nuit. Des danseuses sont invitées à se produire au milieu des convives, que les vins et les bières ont rendus joyeux.

Au-dessus, le ciel étoilé semble veiller sur le palais de Mari où la peine et la joie se sont à nouveau mêlées.

CHAPITRE 3

Quand Asqudum pénètre dans la maison d'Irdizzi, la cour et le bâtiment sont déjà remplis d'une vingtaine de visiteurs venus honorer le mort. On murmure à son arrivée : un si haut personnage se déplaçant pour rendre hommage à un esclave. Il entre dans la pièce principale et se dirige vers la dépouille qu'il a fait porter dans la nuit même de chez lui. Lavé, parfumé, Irdizzi repose maintenant dans un linge blanc. Le devin royal se recueille un instant auprès du corps sans vie de son assistant, sous les regards douloureux de la petite assemblée.

Yakun-Bâli se tient à l'écart. Assise sur un banc en bois, ses enfants à ses pieds, les yeux rougis par les pleurs, les traits tirés par le chagrin. Toute la nuit, elle n'a fait que penser à Irdizzi et sangloter.

Il n'avait plus qu'un an à accomplir comme esclave. Son maître était content de lui, et peut-être l'aurait-il gardé ensuite à son service. C'eût été pour la famille l'assurance d'une vie meilleure.

Tous deux sont originaires du même village, sur les bords de l'Euphrate. Ils se sont connus enfants. Leurs familles étaient pauvres, des paysans qui louaient leurs bras pour la culture des terres appartenant au palais ou à quelque fonctionnaire. Yakun-Bâli s'est retrouvée piégée à la mort de sa mère. Son père n'avait pas de fils, et donc pas de bru pour s'occuper de lui dans ses vieux jours. Ses deux filles aînées étaient mariées, et appartenaient désormais à la famille de leurs époux. Restait la petite Yakun-Bâli, presque douze ans, qu'il garderait chez lui pour tenir sa maison. Et quand il ne pourrait plus travailler, elle irait aux champs à sa place, et rapporterait de quoi les nourrir tous deux.

Six ans avaient passé. La santé du père déclinait. Elle se souviendra toujours du soir où Irdizzi est venu demander sa main.

Elle était occupée à trier les lentilles, assise devant la maison. Elle les avait vus approcher, lui et son père. Ils portaient des vêtements propres, leurs barbes étaient taillées avec soin. Ils l'avaient saluée et ils avaient demandé à parler à son père. Le vieil homme, qui ne se déplaçait plus guère, était toujours ravi de recevoir des visites. Elle espérait qu'Irdizzi resterait avec elle dans la cour pour bavarder un moment, mais il était entré lui aussi dans la maison. Peu après, son père l'avait appelée et lui avait annoncé qu'Irdizzi souhaitait l'épouser. Il s'engageait à assurer l'entretien de son beau-père. De bonheur, Yakun-Bâli s'était mise à pleurer.

Ce n'est plus la joie qui fait maintenant couler des larmes sur ses joues. Elle sursaute quand Asqudum s'adresse à elle.

– Moi aussi, je pleure sa mort.

– Pourquoi lui ?

– Nous ne sommes que des jouets pour les dieux qui nous observent et s'amusent de nos faiblesses.

– Il était si bon.

– J'ai pu l'apprécier durant ces deux années.

Les trois enfants regardent avec attention le devin royal. Le plus jeune, Nupur-Adal, un petit garçon rieur, ne comprend pas ce qui se passe, ni pourquoi tous ces gens sont venus dans sa demeure tandis que son père se repose, ni pourquoi surtout il n'a pas le droit d'aller jouer.

Les deux autres, Akatiya, une fillette aux yeux sombres et profonds, et Nakatum, l'aîné de la fratrie, savent très bien ce qui est arrivé.

Nakatum, du haut de ses neuf ans, interroge :

– Toi qui es un puissant devin, pourquoi n'as-tu pas vu la mort de notre père ?

Sa mère le sermonne :

– Nakatum, ne sois pas insolent !

Asqudum hésite.

– Mon enfant, nous ne voyons les choses que si nous cherchons à les voir.

Le regard de Nakatum devient accusateur.

– Quelqu'un l'a tué ?

Asqudum baisse un instant les yeux.

– Oui ! Mais sa mort sera vengée. Pour cela, tu peux me faire confiance.

Nakatum acquiesce.

Puis le devin royal s'adresse à Yakun-Bâli :

– Toi et tes enfants, vous allez venir chez moi. Vous entrerez dans ma famille. Je pourvoirai à l'éducation de tes fils.

Yakun-Bâli ne sait quoi dire.

Il ajoute :

– Demain j'enverrai un chariot. Vous y mettrez tous vos biens et je vous attendrai tel un père qui accueille ses enfants.

Il demande ensuite à rester un instant avec Irdizzi. Il veut honorer personnellement sa mémoire.

L'assemblée se retire en silence.

Dès qu'il se retrouve seul, il soulève la toile qui couvre la dépouille de son esclave. Il n'a pas eu le temps de l'observer en détail quand on l'a retrouvé. Les traces de strangulation sont encore bien visibles autour du cou. On a utilisé un lien qui a pénétré profondément dans la chair. Sur le reste du corps, il remarque quelques traces de contusion. Il y a eu lutte. Irdizzi s'est défendu. Il rabat la toile de lin, s'incline une dernière fois, et sort.

Les visiteurs et la famille l'attendent. Il fait un signe de la main. Ils se retrouveront tous l'après-midi pour l'enterrement.

Sur le seuil de la maison, Asqudum respire amplement, sans toutefois parvenir à évacuer cette pesanteur qui lui oppresse la poitrine.

Shibtu hésite entre deux robes. Elenza se tient devant elle, silencieuse. Kudiya les rejoint, portant un collier de perles de cornaline oblongues et un bracelet en or, présent matrimonial de l'ambassadeur d'Élam. Les deux suivantes échangent un regard. Le silence règne. Alors que chaque jour le choix des vêtements et des bijoux que Shibtu va porter donne lieu à des échanges animés, une gêne certaine s'est installée ce matin.

Hier encore, elles étaient toutes trois des adolescentes un peu frivoles qui riaient des mêmes ragots du palais d'Alep, ou rougissaient devant tel prince ou tel serviteur particulièrement séduisant. Désormais Shibtu est une épouse royale. Ce qui a nourri leurs conversations interminables, excité leur imagination, suscité rêves et inquiétudes, est devenu réalité pour l'une d'entre elles. Les deux autres ressentent douloureusement cette distance nouvelle, vaguement jalouses d'une expérience qui rend la princesse différente à leurs yeux. Son statut de femme mariée l'éloigne de ses jeunes compagnes.

– Je prends celle-là.

– Bien !

Elenza pose la robe choisie et va ranger l'autre dans son coffre. Kudiya passe le collier autour du cou de la princesse.

– Les bijoux de l'Élam sont parmi les plus beaux qui soient. Tu as de la chance.

Shibtu s'observe dans le miroir. Ce collier met bien en valeur son visage.

Tout à coup, on entend quelques cris dans le lointain du quartier des femmes.

Shibtu interroge ses suivantes :

– Que se passe-t-il ?

– On dit que le roi part à la guerre et que…

– Quoi ?

– Tu n'étais pas au courant ?

– Mais si, bien sûr !

Kudiya baisse la tête. Elle ne sait que répondre.

– Laissez-moi maintenant !

Les deux suivantes quittent la pièce.

Une fois seule, Shibtu sert les poings rageusement. Comment peut-elle ignorer ce que tout le monde sait déjà à propos du roi ? Elle a encore beaucoup à apprendre. Mais elle apprendra vite.

L'heure du repas du dieu approche. Les servants conduits par le grand prêtre Paruri s'avancent, tandis que les chantres entonnent l'antienne :

– Que le dieu mange du rôti, du rôti, du rôti !

Le mouton gras sacrifié à Dagan, le matin même, a été dépecé. Le jeune novice Sharraya saisit une part de tissu graisseux et la place dans le réchaud avec les aromates et la farine parfumée. Bientôt un délicieux fumet de bois odorant et de graisse fondue s'élève vers le dieu.

Paruri approuve de la tête. Sharraya souffle, soulagé. Il échappera pour cette fois à l'une des légendaires colères du grand prêtre. Les gestes rituels ont été accomplis comme il convient.

On apporte ensuite les viandes bouillies agrémentées de légumes, les écuelles d'argent emplies de semoule, les plateaux de pâtisseries. Puis les coupes de bière, de vin et de lait sont alignées conformément aux prescriptions rituelles. Et on souhaite bon appétit au dieu.

Sharraya tente d'évaluer quel morceau il recevra par la suite. Il récite intérieurement :

– Sur le premier mouton d'offrande régulière, la répartition est la suivante : une épaule et un ensemble de côtes sont la part du roi. Le cœur, un rein, un morceau d'épaule sont la part du grand prêtre. Une épaule, un ensemble de côtes, la poitrine, un rein, la rate sont la part des desservants. Une cuisse pour moitié est la part de l'intendant…

À qui donc est réservée l'autre moitié de la cuisse ? Il a beau fouiller son esprit, il ne parvient pas à s'en souvenir.

Le grand prêtre clôt la cérémonie. Tous se retirent. Sharraya saura bientôt quel minuscule morceau de troisième ordre ses aînés, dans leur infinie bienveillance, ont décidé de lui attribuer.

Dans la cour, Samarân, l'intendant du temple, attend.

Paruri vient à sa rencontre.

– Je n'aime pas la façon dont tout cela tourne.

– On m'a dit qu'il ne pouvait en être autrement. L'esclave a entendu certaines choses.

– Imagine qu'on enquête et qu'on prouve l'implication du temple dans cette affaire.

– Qui pourrait enquêter sur la mort d'un esclave ?

– Cela s'est passé dans le palais royal. Je connais Asqudum, il voudra savoir.

– Nous nous en occuperons.

– Espérons !

Au moment où ils quittent tous deux l'enceinte sacrée de Dagan, ils aperçoivent au loin, traversant la place, Inib-Shina, la grande prêtresse d'Addad.

Paruri s'inquiète :

– Mauvais signe ! Le hasard nous est défavorable.

– Comment cela ?

– Nous parlons d'Asqudum et au même instant nous voyons un membre de sa famille.

– Il ne faut pas s'inquiéter. La situation est maîtrisée.

– J'aimerais en être sûr.

Asqudum est passé par le palais royal pour annoncer qu'il ne sera pas disponible avant le soir. L'un des secrétaires en a pris bonne note.

Il arrive chez lui quelques instants plus tard. Sa demeure n'est éloignée du palais que de deux cents pas environ. Il est attendu par Pabahum, l'intendant de ses terres, qu'il a convoqué.

Ce dernier, assis à l'ombre, se lève quand Asqudum pénètre dans la cour.

– Bonjour maître !

– Bonjour Pabahum. Comment va ta maison ?

– Aussi bien que possible.

– Parfait !

Asqudum fait apporter deux bols de bière d'orge.

Pabahum, qui a perdu un œil alors qu'il était soldat du précédent roi de Mari, remercie. Il sait que le devin royal attend de lui un compte rendu détaillé. Après avoir avalé deux gorgées de sa bière, il se lance dans le récit précis et chiffré des activités agricoles des terres appartenant à son maître. Il a fait établir par un scribe des tablettes confirmant par écrit ses propos. Asqudum les parcourt rapidement. Il n'a ni le cœur ni la tête à d'amples analyses comptables. Préoccupé par la mort de son aide, il ressent le besoin de s'évader.

– Allons voir les terres.

L'intendant est surpris de la proposition du devin.

– Maintenant ?

– C'est le moment idéal. Mon service au palais ne reprend que ce soir.

L'intendant acquiesce.

On sort de l'écurie deux ânes et les deux hommes quittent la maison. Ils traversent le quartier où demeurent la plupart des hauts fonctionnaires du palais, les riches marchands de la ville et certains des ambassadeurs, et prennent le chemin qui permet de quitter la cité par la porte du Roi, au nord. Ils marchent en silence de longues minutes avant de monter sur leurs ânes et de se diriger vers les vignes qu'Asqudum a fait planter et qu'il veut observer.

Durant une fête organisée au palais il y a plusieurs années, où Yasmah-Addu, le roi de l'époque, avait offert du vin à une dizaine de ses plus proches serviteurs, on s'était interrogé sur la possibilité de cultiver de la vigne sur les bords de l'Euphrate. Afin de réduire les importations du Yamkhad, une tentative avait déjà été entreprise dans la région de Terqa et, dès la première vendange, le résultat s'était révélé plutôt satisfaisant. Asqudum avait alors proposé de tenter l'expérience.

Il se souvient des railleries de Yamama et de son air faussement scandalisé quand il lui avait exposé son projet :

– Le roi sait vraiment s'entourer ! Il te convainc de lui fournir de quoi se saouler et tu t'empresses de le satisfaire…

Les rives de l'Euphrate, grâce à un système d'irrigation, sont reconvertes de champs, de vergers, de jardins. De cette terre aride, on a réussi à tirer de quoi nourrir la cité.

Asqudum et son intendant arrivent enfin sur place après une bonne demi-heure de voyage. C'est la saison des vendanges et des paysans œuvrent autour des ceps sous les ordres d'un contremaître. Certains portent des paniers d'osier, d'autres coupent les grappes à l'aide d'un couteau de cuivre.

Les paysans s'arrêtent de travailler. L'un d'eux s'approche et leur apporte des grappes à observer. L'homme leur en vante les qualités.

Le contremaître arrive à son tour pour expliquer que la vigne a été bien traitée pendant la longue absence d'Asqudum, que chacun travaille du mieux possible et que la récolte sera bonne. Asqudum encourage les paysans.

Les autres terres sont situées plus au nord. Mais Asqudum refuse de remonter sur son âne et préfère poursuivre à pied. Pabahum le suit à quelques pas, tenant les montures par la bride. Il sent bien que le devin cherche la solitude.

Ils traversent en silence d'autres champs, d'autres vergers, puis un petit village. Des enfants jouent, se poursuivent en riant. Deux jeunes filles reviennent du puits en bavardant. Un chien aboie sur leur passage. En observant cette vie tranquille, cette nature, ces enfants, Asqudum se sent presque apaisé. La disparition d'Irdizzi lui paraît moins lourde à supporter.

D'un coup il s'arrête, et, sous les yeux étonnés de son intendant, il déclare que l'inspection est finie et qu'il lui faut rentrer.

Le jeune homme regarde et constate que la pièce est vide. Il appelle. Personne ne répond. Aurait-il de la chance ?

Soudain une voix :

– Rabum !

Le jeune homme sursaute.

– Oui !

Un cuisinier entre.

– Tu n’as rien à faire ?

– J’ai fini de ranger les couteaux.

– Viens avec moi, alors !

Le cuisinier, un homme maigre au visage pâle, se retourne et quitte la petite pièce. Rabum le suit en se demandant quelle tâche ingrate on va encore lui confier.

– Où allons-nous ? Qu’allons-nous faire ?

– On vient de livrer les poulets. Tu vas t’en occuper.

Rabum souffle. La dernière fois qu’il a préparé les poulets, il a presque vomi. L’odeur et la texture lui ont retourné le cœur.

Ils arrivent dans une pièce des cuisines où deux femmes sont déjà au travail.

Le cuisinier lui désigne un tabouret et Rabum va s’y asseoir.

La première des femmes plume les volatiles. La seconde leur ouvre le ventre pour les étriper. Rabum, presque chanceux, ira plumer, lui aussi.

Il commence sans entrain.

Quand le cuisinier quitte la pièce, les deux femmes reprennent leur conversation.

Elles évoquent le meurtre de l’aide du devin.

Rabum pâlit. Il le connaissait un peu. Et c’est lui qui l’a découvert mort.

L’une d’elles se désole :

– C'était vraiment un brave garçon. Il ne nous méprisait pas.

– C'était pourtant un esclave, comme nous.

– Il était au service du devin royal. Une tâche noble. Pas comme nous, à plumer des poulets pour le repas des intendants.

– Et il a une famille. Trois enfants. De jeunes enfants.

– C'est bien triste.

Rabum préfère garder le silence.

Elles changent alors de conversation.

– Il paraît que la nouvelle princesse s'est vite habituée au palais.

– Celle qui vit au milieu des coussins, celle qui est nourrie, habillée, entretenue dans le luxe et la douceur, elle peut vite s'habituer au palais. Nous n'avons pas cette chance.

Voyant que les plumes s'accumulent, Rabum se lève, saisit l'un des grands sacs de toile de lin qu'on a laissés sur place, le remplit de pleines brassées de plumes. Puis il revient à sa place et reprend son travail, rêvant à la douceur d'un coussin moelleux garni de ces plumes, bien meilleur que sa paillasse de foin.

Les deux femmes ont enfin cessé de parler. Chacune plume ou étripe en silence, comme s'il s'agissait du travail le plus important au monde.

Trois fidèles attendent dans la cour du temple de Dagan. Un des novices doit venir les chercher pour les conduire auprès du dieu. Sharraya apparaît, salue, et questionne les trois fidèles afin de savoir d'où ils viennent. Deux d'entre eux sont des paysans de la région, le troisième dit qu'il tient un commerce à Saggaratum et qu'il est de passage. Sharraya prend la tête du groupe.

Samarân descend au même instant de la terrasse cultuelle. L'intendant observe les trois fidèles qui pénètrent dans le temple, précédés par le jeune novice. Il est désormais seul dans la cour vide qu'il se met à arpenter de long en large. Préoccupé, ses gestes sont nerveux, son regard se tourne sans cesse vers l'entrée du sanctuaire. N'en pouvant plus, il gagne la porte qui mène à l'extérieur de l'enceinte pour écouter la rumeur qui monte de la ville. Samarân s'impatiente. Il déteste attendre. Surtout dans ces circonstances.

Un homme arrive alors. Il porte la simple tunique des serviteurs ou des esclaves. Il se dirige directement vers l'intendant pour lui glisser un mot à l'oreille. Samarân approuve d'un signe de tête. L'homme s'incline avant de quitter la place en courant. Il a d'autres visites à effectuer.

En regagnant la terrasse, l'intendant recroise de nouveau les fidèles qui ont rendu hommage au dieu et qui maintenant sortent du temple.

À l'extérieur, les trois hommes se séparent. Deux d'entre eux prennent le chemin qui conduit à la porte du Khabur, à l'est. Le dernier, le commerçant de Saggaratum, observe une dernière fois l'entrée du sanctuaire de Dagan. Il vérifie que personne ne l'observe et retire la coiffe qu'il porte. Malik sourit, puis il s'élance en direction du quartier des artisans.

La solitude du pouvoir. Voilà vers quoi vont les pensées de Zimri-Lim en voyant sortir Shû-Nuhra-Hâlu de son cabinet de travail. Le ministre des entrées du palais est venu lui apporter des courriers arrivés le jour même de certaines des villes les plus éloignées du royaume. Plusieurs gouverneurs signalent des rumeurs alarmantes et font part du mécontentement d'une partie de la population. Les fondements de son autorité royale ne sont pas encore suffisamment solides. Il faut que cette campagne contre les tribus benjaminites soit un succès rapide et que partout dans le royaume on en répande la nouvelle… La solitude du pouvoir… Il règne sur un palais, une ville, un royaume. Il a sous ses ordres des milliers de serviteurs, d'esclaves, de fonctionnaires, et jamais il ne s'est senti aussi seul qu'aujourd'hui. Personne à qui confier ses doutes, ses interrogations, ses projets secrets. Personne pour partager un instant le poids terrible du pouvoir et de l'autorité.

Il appelle un de ses serviteurs.

L'homme arrive et demande ce que le souverain désire.

– Du vin et la table de jeu.

– Bien, mon roi ! Avec qui veux-tu jouer ?

– Avec toi.

– Comme tu voudras !

L'homme quitte un instant la salle.

Zimri-Lim installe lui-même les deux bancs l'un en face de l'autre et attend.

Le serviteur revient avec la table de jeu qu'il pose entre les deux bancs. Il apporte ensuite la boisson et les gobelets. Les deux hommes s'assoient et mettent en place leurs pions. La partie de jeu d'Ur peut commencer.

Le tirage au sort est favorable au serviteur qui lance les jetons. Il se met à réfléchir à son premier coup.

Le roi intervient :

– Et ne fais pas semblant de perdre.

– Je ferai de mon mieux pour te vaincre.

Zimri-Lim boit un peu de vin. Pendant une heure au moins, avec les pions et les jetons qui avanceront ou reculeront sur le plateau de jeu, il va oublier qu'il est le souverain solitaire de Mari.

Elle marche au soleil alors que le reste des passants cherchent l'ombre. De temps en temps elle s'arrête, regarde autour d'elle et repart. Elle a peut-être dix-sept ans. Son visage fin et sale la vieillit. On la connaît dans le quartier et plus personne ne fait attention à elle. Elle passe ses journées comme ça, à marcher, à regarder, à s'arrêter.

Quelquefois elle se perd et elle met de longues heures à retrouver son chemin. Souvent elle joue avec les gamins dans les ruelles. C'est étrange, cette grande jeune fille, pauvrement vêtue, courant, gesticulant, criant, au milieu d'une ribambelle d'enfants.

Quelquefois elle reste assise par terre, à attendre.

Il y a plusieurs mois, elle a disparu. Personne ne s'en est étonné. Puis on l'a revue dans les ruelles, comme si rien n'était arrivé. Certains connaissent son nom ou croient le connaître. Isha ou Esha. Pour tout le monde ce n'est qu'une pauvre et folle enfant.

Elle se tient contre un mur quand le petit groupe s'avance vers elle. L'homme, celui qu'on appelle le prophète, s'arrête en l'apercevant.

Elle lui offre un étrange sourire. Il s'approche, se penche, lui passe une main sur la joue.

– C'est pour elle que je suis là !

Ceux qui le suivent ne comprennent pas vraiment. L'homme reprend son chemin. Et tous lui emboîtent le pas.

Elle demeure un instant à les regarder s'éloigner. Sur ces lèvres flotte encore cet étrange sourire. Puis elle se lève, regarde autour d'elle et se met à courir, sans savoir où elle va exactement.

Asqudum observe. Yamama s'est tournée sur un côté. Sa respiration régulière indique qu'elle s'est endormie. Il est rare pour le devin royal d'avoir l'occasion d'être chez lui à l'heure de la sieste. Il se trouve généralement accaparé par quelque tâche.

S'il a prévenu le matin qu'il ne retournerait pas au palais avant le soir, il se sent néanmoins incapable de trouver le sommeil. La promenade matinale, même si elle a allégé son cœur, n'a pas fait disparaître Irdizzi de ses pensées. D'une certaine façon il se sent responsable de sa mort.

Irdizzi l'avait servi avec loyauté, désireux d'apprendre tout ce qui avait trait à la divination, y parvenant avec une aisance surprenante, alors même que rien ne l'y avait préparé. Il s'était montré curieux, vif, jusqu'à parfois surprendre Asqudum par la pertinence de ses remarques sur un point obscur de cet art complexe. Il se sent d'autant plus coupable qu'il n'a rien vu, ou plutôt n'a rien voulu entendre, quand Irdizzi a tenté de l'avertir. Il s'est montré obtus, plein de morgue, traitant son assistant avec condescendance, tout à sa conversation avec l'ambassadeur. Il aurait dû savoir qu'Irdizzi ne l'interrompait pas sans raison importante. Les dieux ont cruellement puni son erreur.

Asqudum s'assoit sur le bord du lit. Il se frotte les tempes, se masse le cou. Mais le souvenir d'Irdizzi continue de hanter son esprit.

Par-delà ses regrets et ce sentiment stérile de culpabilité, par-delà le chagrin réel qu'il se surprend à ressentir, il lui reste à savoir pourquoi on l'a tué, et qui est responsable de son assassinat.

L'homme attend que le silence se fasse. Puis il prend la parole, en se raclant la gorge, en se donnant de l'importance :

– Le roi part à la guerre.

L'annonce provoque la réaction de surprise espérée dans cette assemblée composée d'une vingtaine de citoyens, réunis dans cette maison discrète du quartier des artisans. Chacun se met à commenter l'information.

Une voix s'élève :

– Comment le sais-tu ?

– Tu oublies qui nous a réunis.

L'homme ajoute :

– Il part à la guerre. Il faut en profiter.

Samarân observe l'orateur qui se fait appeler Abî. Celui-ci tient une cordelette de chanvre entre ses mains qu'il tend et tord machinalement.

Abî poursuit :

– Il est temps d'activer le réseau que nous bâtissons depuis de longs mois. Il est temps de redonner à Mari le roi qu'elle mérite.

– Les obstacles sont encore nombreux.

– Nous en avons déjà éliminé quelques-uns.

– Il en reste. Zimri-Lim a su tourner vers lui bon nombre des anciens serviteurs de Yasmah-Addu.

– Nous veillerons à leur montrer un autre chemin. D'ailleurs, l'un d'eux est déjà tombé en notre pouvoir.

– Et les autres ? Ceux qui résisteront ?

– Pour eux, nous userons de la calomnie. Pour se défendre ils n'auront d'autre solution que de renier leur serment de fidélité au roi ou bien de disparaître.

– Restent l'armée et la garde.

– Et la population.

– Nous y avons pensé. Une partie de l'armée sera à la guerre d'ici peu, ainsi que la garde royale.

– Tes sources sont-elles sûres ?

– À moi, on ne cache rien.

– L'armée sera donc réduite à Mari.

– Partout nous avons des hommes à nous prêts à agir. Il reste à mettre en mouvement le peuple pour qu'il se montre mécontent de son roi.

Samarân prend la parole :

– J'ai peut-être une solution. Je dois m'assurer de certaines choses avant d'en parler.

– Tu es un élément important de notre dispositif. Tu as déjà beaucoup fait. Agis comme tu le penses.

L'intendant du temple de Dagan est flatté de la remarque.

L'homme à la cordelette de chanvre conclut :

– Puisque tout est dit, nous pouvons clore notre réunion. Soyez attentifs, tout peut aller très vite.

Deux serviteurs entrent par une petite porte et proposent de la bière d'orge. Les hommes boivent avidement avant de quitter un à un la demeure par une porte donnant sur la cour. Les deux derniers à sortir sont l'intendant du temple de Dagan et Paruri, le grand prêtre, qui finalement s'est décidé à venir.

L'un des serviteurs referme derrière eux. L'autre vient le rejoindre.

– C'est la première fois que je te vois. Quel est ton nom ?

– Malik.

– Où est Karshan ?

– Il est souffrant. Je suis son cousin. Il m'a demandé d'assurer la tâche de ce soir. Mais il compte bien revenir la prochaine fois.

Les deux hommes rangent rapidement les bancs de la salle et lavent les coupes avant de finir la jarre de bière.

Malik salue alors son compagnon, sort par l'entrée principale et, d'un pas rapide, traverse le quartier des artisans. Il pénètre dans une petite demeure située au-dessus d'un atelier. Un homme est allongé sur une paillasse, les pieds et les mains liés, un bâillon sur la bouche.

– J'ai dit que tu étais malade et que j'étais ton cousin. N'oublie pas que je sais où tu habites et que rien ne m'empêchera de te retrouver si tu parles. As-tu compris ?

L'homme bâillonné acquiesce d'un signe de tête.

Malik retire sa tunique de serviteur pour passer un vêtement plus sombre, comme il a l'habitude d'en porter. Avant de quitter la demeure, Malik libère sa victime. Il referme ensuite la porte derrière lui et se retrouve dans la rue.

Il se met à marcher en pensant à la jeune prostituée qu'il a repérée chez Nanna.

La nuit commence à tomber quand il quitte le palais royal. Asqudum ne va pas directement chez lui, mais descend vers la ville. Il déambule quelques instants parmi les rues étroites. Ceux qui le reconnaissent le saluent respectueusement.

Il trouve enfin ce qu'il cherche.

Asqudum observe la façade sans fenêtre d'une petite demeure. Un calme insolite est descendu sur Mari. Asqudum ne se souvient pas d'un tel calme dans la capitale du royaume depuis longtemps. Le peuple de Mari se remet difficilement des fêtes nuptiales.

Le devin courbe le dos pour avancer. L'entrée de la maison d'Hibram est très basse. La pièce est sombre, insuffisamment éclairée par une lampe à huile. Il n'y a personne, mais Asqudum se doute de l'endroit où il pourra trouver le propriétaire du logis.

Il se dirige vers l'échelle qui, par une petite ouverture, conduit au toit en terrasse.

Il y monte. Hibram est là. Assis, de dos, la tête renversée vers les étoiles qui apparaissent progressivement dans le ciel.

– Combien en manque-t-il ?

Lentement Hibram tourne la tête.

– Comment le saurais-je ? Elles sont innombrables.

Hibram se lève. Un large sourire lui gagne le visage.

– Mon ami, sois le bienvenu chez moi.

Les deux hommes se serrent l'un contre l'autre pendant de longues secondes.

Asqudum s'inquiète de la santé d'Hibram. L'homme a déjà dépassé les soixante ans, sa barbe blanche et son visage ridé l'indiquent.

– Avec l'âge, mon corps s'affaiblit.

– C'est notre lot commun.

– Hélas !

– Toujours à observer tes étoiles ?

– Tant que ma vue me le permet.

Hibram ramasse une tablette d'argile et un stylet en roseau.

– J'ai appris ton retour. Comment était-ce au Yamkhad ?

– Intéressant.

– Comment est la princesse ?

– Fort belle.

– Le roi doit être content.

– Il semble que oui.

Les deux hommes s'approchent de l'échelle.

Hibram demande :

– Ce n'est sans doute pas pour t'informer de la santé d'un vieillard que tu es venu jusqu'ici.

Asqudum sourit.

– Ta santé m'intéresse, mais j'ai en effet un service à te demander.

– Je t'écoute.

– J'ai besoin que tu t'occupes de l'éducation d'un jeune garçon que je vais accueillir chez moi.

Hibram se désole.

– Je n'ai plus l'âge de courir après les garnements.

– Comme tu as éduqué mes enfants, je veux que tu éduques celui-là. Il n'y a pas de meilleur précepteur dans toute la ville.

– Qui est ce garçon ?

– Le fils d'Irdizzi, mon aide.

– Celui qui est mort ?

– Oui !

– Tu payes ta dette ?
– J'imagine que oui.
– Je comprends.
– Il est vif d'esprit et il connaît un peu l'écriture.

Hibram ferme les yeux, souffle :
– Puisque c'est toi, je le ferai.
– Je t'en remercie, mon ami. Il sera chez moi dès demain. Viens à l'heure que tu veux.

Les deux hommes descendent par l'échelle. Asqudum accepte un gobelet de bière avant de s'en aller.

Une servante vient annoncer l'ambassadeur d'Élam. Yamama quitte la cuisine où elle supervise les préparatifs du repas du soir pour aller l'accueillir dans la cour.

– Bonsoir Kuk-Simut ! Asqudum est absent. Il doit être encore au palais.
– J'aurai au moins eu le plaisir de saluer sa charmante épouse.
– Toujours aussi flatteur…
– J'ai appris la mort d'Irdizzi. Je savais Asqudum très attaché à son esclave et je le connais suffisamment pour deviner qu'il doit en être très affecté.
– Plus encore que tu ne l'imagines. Veux-tu l'attendre un moment ?
– Pourquoi pas !

– Dans ce cas tu devras me suivre à la cuisine. Mon fils aîné, Enlil-Îpush, est pour quelques jours à Mari. J'essaie de le gâter. Quand tu es arrivé, je veillais à la confection d'un bouillon au pigeon qu'il aime particulièrement.

– Je te suis. La cuisine est un autre de mes points faibles.

Yamama sourit. Elle éprouve une réelle affection pour Kuk-Simut. Asqudum lui a présenté le nouvel ambassadeur d'Élam l'année passée. Il l'a beaucoup fait rire. Il possède une ironie mordante et une rare faculté de se moquer de lui-même.

Un doux parfum d'oignon emplit la pièce. Zaniha, la cuisinière, malaxe des ingrédients dans un pot en terre. Dans la marmite, les pigeons mijotent. Kuk-Simut se penche, inspecte le contenu du récipient. Zaniha explique qu'il ne reste qu'à y ajouter les poireaux et l'ail qu'elle a laissés détremper dans du lait.

L'ambassadeur échange avec elle des propos sur les mérites respectifs du bouillon de pigeon et du bouillon zukanda, la spécialité élamite.

– Il y faut de la viande. Tu mets de l'eau dans une marmite tu y ajoutes de la graisse, de l'aneth, de la coriandre. Après un premier bouillon, tu y additionnes du poireau et de l'ail trempés de sang. Tu laisses mijoter quelque temps, et tu y jettes avant de servir quelques gousses d'ail fraîches.

Yamama intervient :

– T'en souviendras-tu ? Je suis certaine que Kuk-Simut sera heureux d'en goûter la prochaine fois qu'il sera notre hôte.

– Je lui en ferai et mon bouillon élamite sera meilleur encore que ceux que l'ambassadeur a déjà goûté.

Rassurée sur la préparation du repas, Yamama entraîne Kuk-Simut hors de la cuisine. Elle lui propose d'attendre encore Ašqudum, mais il décline son offre. Il a rendez-vous.

– Tu lui feras part de ma visite. Il n'y a rien d'urgent. Nous nous croiserons probablement demain au palais.

La jeune femme referme la porte. L'homme est allongé sur sa paillasse, les yeux grands ouverts, fixant sur le plafond de la chambre.

Il est à demi déshabillé.

Elle pose le bol de bière d'orge au sol, à portée de main de l'homme.

– C'est Nanna qui m'envoie. Tu as besoin de mes services ?

Malik observe sans rien dire la prostituée. D'un geste lent de la main il agrippe le bas de sa robe de lin et l'attire vers lui. Elle accompagne son geste en se baissant à sa hauteur.

Il demande d'une voix grave :

– Quel est ton nom ?

– Nusaba.

– Quel est ton âge ?

– Qu'importe mon âge si je te conviens.

– Tu as raison.

Elle doit avoir un peu plus de vingt ans et tient noués ses longs cheveux.

Il fait glisser sa tunique, lui caresse les seins.

Nusaba lui passe la main sur le corps. Elle demande :

– D'où viens-tu ?

– En quoi cela t'intéresse-t-il ?

Elle sourit. Elle sait qu'il vient du Sud.

– On parle de toi dans la taverne.

– Je sais. Je suis une bête curieuse.

– Je n'ai pas voulu dire ça !

Lentement elle lui retire son pagne et saisit son sexe.

Malik ferme les yeux. Il y a bien longtemps qu'il ne s'est abandonné ainsi. Son âme et son corps se séparent. Chacun d'eux est maintenant libre de réagir comme il l'entend.

Plus tard, il lui faudra reprendre pied avec la réalité et accomplir ce qu'il doit accomplir.

Asqudum se tient au milieu de la cour. L'air du soir emplit à présent l'atmosphère. Le devin royal semble rêver. Il n'entend pas sa femme arriver et sursaute quand elle prononce son nom :

– Asqudum !

Il se retourne lentement, tente un triste sourire, ouvre la bouche, mais ne dit rien.

Yamama s'approche, attrape ses mains, y pose ses lèvres.

Il lui caresse la nuque et la prend dans ses bras.

Elle demande :

– Qu'as-tu décidé ?

Comme à son habitude elle est allée droit à l'essentiel. Sans qu'il ait eu besoin de rien dire, elle a su qu'il pensait encore à Irdizzi.

– Demain sa femme et ses enfants viendront s'installer chez nous.

– Tu as bien fait.

– Tu lui donneras une activité.

– Il nous faut une responsable des ateliers. Sera-t-elle capable d'assurer cette tâche ?

– Tu la formeras. Et tu prépareras un appartement pour eux.

– Ce sera fait.

Asqudum s'enfonce à nouveau dans le silence.

Il la tient toujours contre lui. Elle a posé sa tête sur son épaule. Ils demeurent ainsi enlacés un long moment. Puis, desserrant son étreinte, elle s'inquiète.

– Tu vas faire attention à toi ?

Il ne répond pas.

Yamama se sépare alors de son mari et regagne sa chambre.

Asqudum reste encore quelques instants dans la cour, avant de rejoindre son cabinet de travail.

Sur la petite table se trouve le sac de cérémonie qu'il a laissé là depuis la mort de son assistant. Une douleur pesante lui gagne le cœur. Il sort un à un les instruments afin de s'assurer qu'ils sont propres pour une prochaine cérémonie.

Sa stupeur est grande. Il vérifie par deux fois le contenu du sac. Il manque l'un des couteaux d'argent.

CHAPITRE 4

Gurrudu, le chef du quartier du port, marche lentement, en jetant de temps à autre des coups d'œil aux passants. Il salue ceux qu'il connaît, note dans sa mémoire ceux qu'il voit pour la première fois. La matinée tire à sa fin et le soleil commence à chauffer. Gurrudu cherche un endroit ombragé pour se reposer. Ses pas le dirigent vers une impasse où il sait pouvoir s'arrêter un instant. Juste avant d'y arriver il aide un maçon qui ne parvient pas à faire grimper une petite dénivellation à sa charrette. Gurrudu, pris d'une suée, se dit que son repos est décidément bien mérité.

Il arrive dans l'impasse tant espérée. Sûr et certain que personne ou presque ne viendra le déranger, il s'adosse contre le mur, à l'ombre, les fesses bien posées sur un tas de briques qu'il a pris soin d'égaliser. Un sourire de bienheureux détend son visage. La suée commence à disparaître. Sans qu'il puisse rien y faire, ses yeux se ferment lentement, irrésistiblement, et au bout de quelques instants il dort presque. Une sorte de rêverie gagne son esprit. Il se voit dans un palais calme et frais…

Soudain il sursaute. Son corps a glissé sur le côté. Il secoue la tête, se frotte les yeux. Le soleil et les ombres ont à peine bougé. Son repos n'a duré que quelques minutes. La torpeur commence à le reprendre, le palais calme et frais revient… Mais il se ressaisit et se lève d'un coup.

Il regarde autour de lui. Son attention est soudain attirée par quelque chose qui n'a rien à voir avec les briques et les autres déchets de construction qui traînent là. Il s'avance jusqu'au fond de l'impasse et se penche pour examiner ce qu'il a entrevu. C'est petit. C'est mou. Il est pris d'une sorte de nausée. Du tas de gravats sort une main, une main d'enfant.

Il retire avec précaution quelques briques. Un bras apparaît. Puis un corps dénudé. Puis une tête. Un nouveau-né ou presque.

Gurrudu ouvre la bouche, sans parvenir à en sortir le moindre son; l'horreur de la scène le paralyse; il manque au corps toute sa moitié inférieure. Gurrudu recule lentement, puis se retourne et se met à courir.

Il arrive rapidement dans le bâtiment qui sert de caserne aux sbires en charge du quartier du port. Devant ses yeux exorbités, son teint pâle, son souffle court, l'officier s'inquiète de sa santé. Gurrudu bafouille quelques mots que l'officier ne parvient pas à comprendre.

Il respire hâtivement et à nouveau il tente une explication :

– Un enfant... dans l'impasse... tranché...

L'officier, qui connaît bien Gurrudu, comprend qu'il s'est passé quelque chose.

Shibtu, assise sur un épais coussin, à peine vêtue, les cheveux en désordre, les yeux mi-clos, écoute sans grande attention les accords de musique qui se répandent dans le quartier des femmes depuis quelques instants déjà. Les musiciennes répètent. Et toutes les pièces résonnent de ces rythmes lents, de ces sonorités chaudes.

D'où elle est, elle ne les voit pas. Mais elle a déjà eu l'occasion de rencontrer ces jeunes filles choisies surtout pour leur beauté. Certaines, sans doute, deviendront des concubines du roi.

Elle repense à la demeure de son père, où elle n'avait pas à craindre la concurrence des autres femmes. Ici c'est différent. Elle y devine des luttes, des complots, des alliances, des regards, des sourires, des murmures. Et rien n'indique qu'ils lui seront favorables. Elle devra s'y habituer.

Son esprit vole encore vers le Yamkhad lorsque Kudiya entre lui annoncer que son bain est prêt. Shibtu quitte sa couche, secoue la tête, pousse un soupir, et suit sa servante.

Dans une petite salle recouverte de carreaux de céramique, deux femmes attendent la princesse. Shibtu se déshabille avec l'aide de Kudiya. Elle a ce corps de jeune fille que les maternités et l'oisiveté n'ont pas encore gâté. Elle sait que tant que cela durera elle pourra rester la favorite du roi.

De l'eau chaude apportée et chauffée à bonne température attend dans une baignoire en terre cuite. Shibtu enjambe le rebord et s'y laisse glisser.

Les deux femmes s'approchent de la princesse, des tissus à la main. Après les avoir trempés dans l'eau, elles commencent à l'en frotter délicatement. Une douce chaleur envahit Shibtu. Les mains, le tissu, l'eau qui coule sur sa peau lui provoquent d'agréables sensations. Elle s'y abandonne pendant de longues minutes, évacuant ainsi ses inquiétudes.

Après l'avoir séchée, les deux servantes lui passent une huile parfumée sur le corps.

Kudiya lui apporte d'autres vêtements et la rhabille. Shibtu se sent apaisée, calme. Elle retourne dans sa chambre. Elenza vient la rejoindre et commence à la maquiller. Elle lui poudre les joues, lui farde les yeux.

Cet abandon ne dure pas. Kudiya annonce la venue du chef de musique.

Shibtu, disciplinée, se lève, sort de sa chambre, rejoint la salle de réception où un groupe de femmes attend déjà l'arrivée de celui qui l'a conduite du Yamkhad jusqu'ici.

Rishiya paraît. Lourd et suant comme il l'est souvent. Et les parfums dont il abuse ne parviennent pas à masquer son odeur corporelle. Il est l'un des rares hommes à pouvoir pénétrer dans le quartier des femmes.

Il salue respectueusement la jeune épouse du roi et lui demande si tout est comme elle le souhaite. Shibtu affirme que oui.

Un instant elle hésite. Elle veut lui poser une question. Mais elle sait qu'en présence d'autant de témoins, sa conversation avec le chef de musique parviendra rapidement aux oreilles de la reine mère.

Elle se retire donc, accompagnée de ses deux servantes. Et elle s'empresse de rédiger sur un morceau d'argile un court message qu'elle confie à Elenza.

– Va où tu sais et ne te fais pas voir.

– Bien, maîtresse.

La jeune fille cache la tablette dans un pli de

son vêtement et sort. Shibtu l'observe s'éloigner. Il ne lui reste plus qu'à attendre la réponse.

La salle du trône est pleine de monde. Zimri-Lim boit un gobelet de vin. Des jeunes gens sont alignés devant lui. De part et d'autre du trône sont regroupés des prêtres ou des prêtresses des dieux de la cité. Des fonctionnaires de haut rang se tiennent un peu en retrait.

Asqudum salue Inib-Shina, sa belle-sœur, qui représente le temple d'Addad. Il aperçoit, juste derrière elle, le grand prêtre Paruri. Celui-ci paraît soucieux.

Un scribe s'avance. Il fait signe aux jeunes gens alignés. Le premier d'entre eux s'approche du trône. Il se courbe devant son roi. Le scribe lui demande son nom.

Il répond lentement :

– Dâdu, fils d'Ahla-Addu.

Le scribe note le nom sur une tablette d'argile.

– Par les dieux représentés ici, jures-tu fidélité à ton roi, Zimri-Lim, fils de Yahdum-Lim ?

– Je le jure.

Le jeune homme s'écarte et le suivant prend sa place. Les nouveaux fonctionnaires sont ainsi à tour de rôle enregistrés. Quand tous ont prêté serment, on présente la tablette au roi qui y appose son sceau.

Zimri-Lim a compris l'importance de ce lien privilégié avec les fonctionnaires de son royaume. Il a besoin de s'assurer de la loyauté de ceux qui vont être en charge de l'exécution de ses ordres.

Des serviteurs apportent du vin pour les nouveaux fonctionnaires, les représentants du clergé et les hauts dignitaires qui ont assisté à la cérémonie d'investiture.

Asqudum profite de l'agitation pour quitter la salle du trône. Seul Shû-Nuhra-Hâlu, le ministre des entrées du palais, le remarque. Il commande discrètement à l'un de ses aides de suivre le devin.

Gurrudu chemine à travers le lacis de ruelles du quartier des artisans, évitant les rues plus larges dans lesquelles il ne manquerait pas de rencontrer des habitants du secteur dont il a la charge. Sa fonction l'amène trop souvent à entendre les récriminations les plus variées. Quoi qu'il se passe, que cela ait trait ou non à la vie du quartier, c'est toujours auprès de lui qu'on vient se plaindre. Aujourd'hui, Gurrudu n'a pas la tête à écouter de vulgaires lamentations. L'affaire qui le préoccupe est d'importance, et il convient de rester concentré sur les propos qu'il tiendra au juge Dada.

Il contourne l'esplanade des temples, saluant au passage un des prêtres de Dagan qui se trouve être le cousin de sa femme, et se dirige vers le tribunal. Celui-ci est situé dans un vaste bâtiment voué à l'administration, dans une rue assez fréquentée qui longe le palais royal.

Il pénètre dans une salle ouvrant sur la rue, dans laquelle se tient le factionnaire censé contrôler les entrées. L'homme, assis sur un tabouret, plongé dans la contemplation de la table de bois sur laquelle il a lourdement appuyé ses coudes, ne bouge pas. À priori, il ne dort pas.

Gurrudu s'approche de la table, et hurle presque :

– Je suis Gurrudu, le chef du quartier du port. Je dois voir le juge Dada au sujet d'une affaire de la plus haute importance.

L'homme lève lentement les yeux, réprime un bâillement, indique d'un mouvement du menton une banquette adossée à un mur, où Gurrudu devra attendre.

Gurrudu ne sait quelle attitude adopter. Il hésite à forcer le passage, mais il est délivré de ses interrogations par l'arrivée du juge Dada qui s'avance vers lui en souriant.

– Gurrudu ! Que nous vaut cette visite ?

Gurrudu veut se venger du factionnaire.

– Comme je l'expliquais à cet homme, mais cela n'a pas semblé beaucoup l'intéresser, je venais t'entretenir d'un problème grave et urgent.

L'homme réagit :

– Il n'a pas dit grave, ni urgent.

– J'ai dit « de la plus haute importance ». C'est la même chose.

– Pas pour moi ! J'ai des instructions. Je ne fais qu'obéir. Des affaires de la plus haute importance, il s'en traite tous les jours dans ce tribunal.

Le juge Dada dirige brièvement son regard vers le factionnaire, se retourne vers Gurrudu et lève les yeux au ciel avec un geste d'impuissance. Il finit par dire :

– Suis-moi dans mon bureau.

Gurrudu sourit, satisfait. Ils traversent la cour agrémentée de quelques pots dans laquelle des arbres rachitiques finissent d'agoniser. Le bureau de Dada ouvre sur le côté est. Une situation privilégiée. Il bénéficie de la lumière du matin sans avoir à souffrir de la chaleur de l'après-midi. On reconnaît l'importance d'un fonctionnaire dans la hiérarchie à l'exposition de son bureau. Dada est manifestement tenu en bonne estime.

Gurrudu s'installe sur le tabouret que lui désigne le juge. Sur son bureau s'entasse en piles d'un équilibre précaire un nombre impressionnant de tablettes.

Le juge Dada renvoie son secrétaire qui a passé la tête par l'embrasure et s'assoit en face de son visiteur.

– Je t'écoute.

– Il s'agit d'une affaire délicate. J'ai découvert le cadavre d'un enfant, ou plutôt une moitié de cadavre, dans une ruelle non loin du port... J'en suis encore bouleversé.

– Qu'entends-tu exactement par « moitié de cadavre » ?

– Le corps est coupé en deux au niveau de la taille.

– Étrange... Est-ce une fille ou un garçon ?

– Impossible de le savoir. C'est un nouveau-né. À cet âge ils sont tous aussi laids les uns que les autres.

– Je vois. C'est une affaire monstrueuse.

Gurrudu s'agite sur son siège, mal à l'aise.

Le juge ajoute :

– J'aimerais me rendre moi-même sur les lieux de la découverte. Quand pourras-tu m'y conduire ?

– Je suis à ta disposition.

– Je te rejoins.

Gurrudu se lève et sort de la pièce. Dada appelle son secrétaire :

– Fais venir deux sbires. Je dois sortir. Il s'agit d'un problème urgent !

Malik entre dans l'auberge. Il se dirige directement vers Nanna en lui disant qu'il veut régler son dû. Nanna calcule rapidement les nuitées, la nourriture, les boissons et l'usage d'une prostituée. Il paie en laissant à la tenancière une bague de cuivre. Elle la soupèse et semble satisfaite de son poids.

Curieuse, elle demande :

– Où vas-tu maintenant ?

– Je rentre chez moi.

Nanna acquiesce. Elle semble presque contente que cet homme sombre et secret quitte enfin les lieux. Il a sans doute trouvé un bateau en partance pour le Sud.

Malik monte alors dans la pièce qui lui a servi de chambre durant plusieurs jours, rassemble ses affaires, regagne la salle principale de l'auberge. Il aperçoit Nusaba, la jeune prostituée, qui tente un triste sourire. Lui, sans un geste, sans un mot, sort de l'établissement.

Il fait quelques pas sous le soleil.

Le port s'agite. Plusieurs bateaux sont à quai, des charrettes à bras attendent d'être chargées, des marchands crient, des porteurs tirent et poussent suivant les instructions qu'ils reçoivent des contremaîtres ou des scribes, des journaliers désœuvrés proposent leurs services.

Malik porte ses pas vers le quartier des potiers. Là aussi, l'activité est importante. On vient acheter de toute la ville dans des boutiques où s'entassent les pots et les vases de céramique. Dans les arrière-cours qui servent d'ateliers on entend les cris joyeux des artisans qui fabriquent et cuisent.

Malik pénètre dans l'une d'elles. Un jeune garçon, sans doute un apprenti, est en train de préparer le feu pour la cuisson.

Il l'interroge :

– Sâdan est-il là ?

– Oui !

– Va le chercher ! Dis-lui que quelqu'un le demande.

Le jeune garçon s'exécute. Il entre dans la maison.

Peu après il revient, accompagné d'un homme âgé d'une cinquantaine d'années, qui sourit en voyant Malik.

Ils s'embrassent longuement tandis que l'apprenti retourne à son travail.

– Je t'attends depuis plusieurs jours.

– Je voulais prendre certaines dispositions avant de venir.

– Bien ! Comment est la vie dans le Sud ?

– Difficile. Je te raconterai. La chambre est-elle prête ?

– Elle t'attend.

– Je suis heureux de te revoir, Sâdan.

– Moi aussi ! Veux-tu boire quelque chose ?

– Plus tard. Montre-moi ma chambre, que j'y dépose mes affaires. Le temps m'est compté.

– Comme tu voudras.

Sâdan lui désigne un petit bâtiment. Ils font quelques pas pour l'atteindre.

– C'est ici. Le jour il y aura un peu de bruit car nous travaillons. Mais le soir tu y seras au calme. Je garde cette maison pour mes apprentis. Mais celui que j'ai en ce moment habite à deux pas d'ici. Je dirai qu'on t'apporte de l'eau et chaque matin un repas.

– Ne t'inquiète pas pour moi.

– L'endroit est discret. Personne ne viendra te demander qui tu es, ou ce que tu fais.

Malik attrape le vieil homme par les épaules et une nouvelle fois l'embrasse.

– Je te dois tellement.

– Pas autant que moi. N'oublie pas d'être prudent. Des rumeurs me sont parvenues.

– Nous en reparlerons. Tout ce que tu pourras m'apprendre me sera utile.

Malik laisse son ami et se rend dans la chambre qui l'attend. Il s'agit d'une pièce unique, assez grande, avec une petite ouverture pour la lumière. Il pose ses affaires sur la table, fouille à l'intérieur de son sac et trouve ce qu'il y cherchait.

Quand le juge Dada et ses deux sbires arrivent sur les lieux de la découverte, Gurrudu est déjà sur place. Le responsable du quartier du port tourne, s'agite, visiblement perturbé. Le souvenir de sa macabre découverte est encore bien présent en lui.

Il sursaute en entendant la voix du juge :

– Je suis là ! Montre-moi l'endroit où se trouvait le corps.

Gurrudu fait un pas sur le côté et pointe de l'index un tas de briques.

Le juge s'approche et distingue des traces de sang séché. Il a l'expérience de ce genre de chose. Ce n'est pas son premier crime et ça ne sera pas son dernier. Ainsi est la nature humaine.

Il ordonne à ses deux sbires de fouiller le secteur. Les deux hommes se mettent à regarder en détail chaque parcelle du sol, chaque tas de pierres ou de briques, en quête d'un indice quelconque.

Gurrudu les observe sans rien dire. Il aurait préféré être loin d'ici pour oublier.

Le juge Dada l'interroge :

– As-tu remarqué certaines choses lors de ton passage ?

– Pas grand-chose… Il me semble que la mort est assez récente… Mais tu le constateras par toi-même en allant voir le corps que j'ai fait mettre chez les sbires de mon quartier.

– J'en ai bien l'intention.

– J'ai d'abord aperçu la main puis je l'ai trouvé. C'est tout ce que je peux dire pour l'instant.

– Quelqu'un a-t-il signalé la disparition d'un enfant ?

– Pas encore.

L'un des deux sbires qui s'est agenouillé fait un signe de la main tout en appelant. Le juge Dada et Gurrudu les rejoignent rapidement. Le sbire désigne un objet métallique qui brille entre deux briques.

Pas de doute. Il s'agit d'un couteau en argent.

Le juge Dada s'en saisit. La lame est recouverte d'une fine croûte marron. Il l'observe longuement. Elle porte un décor ciselé assez caractéristique.

Il dit, d'une voix funeste :

– J'ai déjà vu un tel couteau. Dans les mains du devin royal.

Asqudum observe le couloir. À gauche se trouve une série de petites alcôves qui servent de réserves. C'est dans la seconde qu'a été retrouvé Irdizzi. À droite s'ouvrent des salles plus grandes où sont entreposés la vaisselle et tous les ustensiles de cuisine. Au fond on peut entendre les bruits et les cris de ceux qui travaillent dans les cuisines du palais de Mari.

Le devin royal aperçoit un jeune serviteur venant dans sa direction. Il doit avoir seize ou dix-sept ans.

– Le maître devin m'a fait demander ?

– Tu es Rabum ?

– Oui, maître devin.

– C'est toi qui as trouvé le corps de mon assistant ?

Rabum baisse la tête.

– Oui, maître devin.

– Depuis quand travailles-tu aux cuisines ?

– Depuis que j'ai douze ans, maître devin.

– Raconte-moi ce que tu as vu.

Rabum lève la tête pour parler.

– Un cuisinier m'avait ordonné d'aller dans une réserve chercher de l'huile.

– Ici même ?

– Oui.

– Ensuite !

– C'est en entrant que j'ai aperçu un homme allongé sur le sol. En m'approchant, j'ai vu qu'il était mort. J'ai couru prévenir aux cuisines, et on a appelé la garde.

– Irdizzi, le connaissais-tu ?

– Un peu. Et si le maître devin veut savoir si j'ai vu son assistant avant qu'il meure, la réponse est non. J'ai vu du monde un peu partout. Nous étions une centaine à travailler aux cuisines ce soir-là. Et de nombreuses autres personnes sont venues également. Le maître peut interroger chaque serviteur et chaque esclave, tous lui donneront une réponse semblable.

Asqudum le pense également.

– Va me chercher d'autres lampes à huile et apporte-les-moi.

Rabum quitte le devin. Asqudum se dirige vers la seconde alcôve. Il n'a pas eu le temps de bien l'observer depuis la mort d'Irdizzi. Le sol est en terre battue. De chaque côté se trouvent des jarres d'huile. Rabum revient avec deux lampes allumées. Asqudum lui ordonne de les disposer de façon à bien éclairer la pièce. Il lui demande également de faire attention où il marche.

Rabum s'exécute puis demeure immobile à l'entrée, observant le devin qui parcourt lentement les lieux du crime. Asqudum s'arrête un instant pour observer. Le corps d'Irdizzi a été retrouvé au fond de l'alcôve. Il demande à Rabum d'approcher une lampe. Le jeune homme avance de quelques pas, attrape la lampe, et, en jouant sur l'éclairage selon les indications du devin, fait apparaître des traces en relief sur le sol. Il y a eu des piétinements sur la terre battue à l'endroit où est mort son assistant.

– Ils étaient plusieurs…

– Que dit le maître devin ?

– Rien. Je pense à voix haute.

Rabum continue d'éclairer chaque endroit que lui désigne Asqudum.

– Les traces ici indiquent qu'il a été traîné depuis le couloir jusqu'au fond de la pièce…

Soudain Rabum s'exclame :

– Regarde par là, maître devin.

Il indique du doigt un espace entre deux jarres. Asqudum se baisse et ramasse quelques brins de chanvre torsadé.

Il demande à Rabum :

– Qu'en penses-tu ?

– Cela semble venir d'une corde ou d'un lien.

– Oui ! Irdizzi a dû tenter de l'arracher.

– Est-ce avec une corde qu'il aura été étranglé ?

– C'est très probable. Je te félicite pour ta découverte.

Les deux hommes se relèvent. Asqudum est soudain pris d'un doute. Il quitte rapidement l'alcôve en autorisant Rabum à rejoindre les cuisines.

Shû-Nuhra-Hâlu attend avec impatience le retour de son aide. Il marche de long en large à travers la pièce. Le comportement d'Asqudum l'inquiète.

Enfin l'aide revient. Il se présente avec un sourire discret aux lèvres.

– Qu'a-t-il fait ?

– Il est allé dans les cuisines. Il a parlé avec un serviteur. Il s'est ensuite rendu dans l'alcôve où est mort son assistant. Il y est resté de longues minutes.

– Que faisait-il ?

– Il observait.

– Rien d'autre ?

– Non !

– Et ensuite ?

– Il est parti précipitamment.

– Où ça ?

– Chez Bahdî-Lim.

– Chez l'intendant ?

– Oui !

– Voilà qui est étrange. Ils étaient ensemble

chez le roi juste avant. Que pouvait-il avoir à lui dire de si important ?

Bahdî-Lim compulse des notes quand Asqudum entre. Le devin royal paraît agité.

– Je dois te parler.

L'intendant est un peu surpris par l'arrivée du devin.

– Est-ce urgent ?

– Sans doute. Te souviens-tu de la mort de Bannum ?

– Comment aurais-je oublié la mort du maître des pâtures ?

– On l'a étranglé, n'est-ce pas ?

– Oui !

– Et avec quoi ?

– Une corde, je crois. C'est ce qu'a dit le juge qui a enquêté.

– Une corde, tu es sûr ?

– Oui ! Pourquoi cette question ?

– Je n'en sais rien encore. Quel dossier traitait Bannum avant sa mort ?

– D'après son scribe, il préparait la nomination des fonctionnaires. Cette tâche lui avait été confiée par le roi qui était à la guerre à ce moment-là.

– Je m'en souviens. J'étais avec lui.

– Y aurait-il un lien avec la mort de ton assistant ?

Bahdî-Lim a compris le sens des questions du devin. Ce dernier préfère nier pour l'instant.

– Un lien ? Non ! Il s'agit d'une autre affaire qui me préoccupe.

Comme Asqudum hésite, l'intendant demande :

– Tu voulais m'entretenir d'autre chose.

– Oui ! C'est exact ! J'ai besoin d'un nouvel assistant. J'ai repéré un jeune serviteur aux cuisines, du nom de Rabum. Il pourrait me convenir.

– Très bien ! Je peux te faire préparer un acte de cession.

– Parfait !

Asqudum remercie et salue Bahdî-Lim avant de partir.

Rabum est sûrement un très bon choix. Le garçon paraît vif et il doit parfaitement connaître la vie du palais royal. Deux qualités indispensables pour devenir son nouvel assistant.

Une cohorte d'ouvriers s'affaire au moment où les premiers gardes arrivent au pied de la muraille. Peu après, Zimri-Lim fait son apparition. D'un coup, les contremaîtres donnent l'ordre aux ouvriers d'interrompre le travail. Les responsables du chantier se précipitent vers le roi pour lui rendre hommage.

Zimri-Lim s'avance. Il peut voir qu'une grande partie de la muraille extérieure a déjà été relevée. Celle-ci, haute de plusieurs mètres, en terre et en pierre, a subi les assauts du temps. Zimri-Lim, dans sa marche vers la gloire et la puissance, veut s'assurer d'avoir suffisamment fortifié Mari et les principales citadelles de son royaume avant de se lancer dans une expansion qu'il estime légitime.

L'intendant du chantier se présente. Il a avec lui les tablettes où sont consignés l'avancement des travaux et l'état des frais induits.

Le roi, après avoir observé attentivement le chantier, le questionne :

– Est-on en retard ou en avance ?

– Il se fait, mon roi, que nous ne pouvons avoir suffisamment d'ouvriers pour mener les travaux rapidement.

– La raison ?

– L'intendant du palais royal ne m'a pas accordé assez de grain pour en avoir plus.

Les ouvriers, une cinquantaine, immobiles, attendent l'ordre de reprendre le travail.

Zimri-Lim demande :

– Combien t'en faut-il ?

– Sans doute une vingtaine de plus pour tenir les délais imposés.

Les autres responsables du chantier confirment de la tête.

Le roi ordonne :

– Engage les ouvriers nécessaires. J'informe mon intendant de vous livrer le grain supplémentaire.

Les responsables du chantier s'inclinent.

Le roi parcourt une partie du chantier avant de faire demi-tour. La garde royale l'encadre. Il n'a fait que quelques pas quand, de la petite foule qui s'est assemblée, un homme sort précipitamment en criant :

– Justice, mon roi, je réclame justice.

Deux gardes se placent entre lui et le roi pour l'empêcher de passer.

Il insiste :

– Justice, mon roi. Toi qui es bon et juste.

D'un geste Zimri-Lim donne l'ordre de le laisser parler. Les deux gardes s'écartent légèrement afin que l'homme puisse s'exprimer et voir le roi.

– Je t'écoute.

– Il faut me rendre justice.

– Exprime-toi !

– Je suis Awarduk. J'ai une terre que je cultive de l'autre côté du canal. Cette terre est juste suffisante pour ma famille. Un marchand du nom d'Addadû possède la plupart des terres alentour et toutes celles qui bordent ma propre terre. J'ai ici une tablette indiquant que ma terre fait trois arpents. Or je sais que tel n'est plus le cas.

– Comment ça ?

– Elle se réduit d'année en année.

– Ta terre disparaît ?

– Non ! C'est celle de mon voisin qui augmente. Il ronge un peu de mes terres chaque fois qu'il le peut.

– Es-tu allé voir un juge ?

– Je l'ai fait. Mais le marchand est plus persuasif que moi. Il a les moyens de sa persuasion. Je ne suis qu'un pauvre paysan.

Le roi fait appeler l'un des scribes qui forment sa suite. Il lui dicte un ordre :

– Fais convoquer un arpenteur pour qu'il aille mesurer la terre de cet homme. Si cette terre est inférieure à la surface indiquée sur le titre de propriété de cet homme, que cet homme récupère le double de la différence sur son voisin et qu'un nouvel acte de propriété soit établi. Si tel n'est pas le cas, que cet homme soit condamné à trente coups de fouet.

On attend en silence que le scribe rédige l'acte royal. Le roi y appose son sceau et un messager est appelé pour le porter à l'un des arpenteurs du palais.

Awarduk remercie si vivement que la foule se met à rire. Le roi et sa suite reprennent alors leur marche en direction du palais.

On entend le bruit d'une charrette et quelques cris. Yakun-Bâli s'est arrêtée devant la porte principale. Elle n'ose entrer dans la cour mais ses trois enfants prennent les devants.

Au même moment, Yamama sort des ateliers. Elle les aperçoit, fait appeler des serviteurs et se dirige vers eux. Sans rien dire, elle serre Yakun-Bâli dans ses bras. Les deux femmes ne se sont vues qu'une seule fois auparavant.

– Je suis heureuse de t'accueillir chez nous.

Yakun-Bâli est troublée par cette marque d'affection qu'elle n'attendait pas, du fait de leur grande différence sociale. Elle n'est que la veuve d'un esclave, tandis que Yamama est la fille d'un ancien roi de Mari.

Asqudum arrive à son tour. Un sourire de satisfaction lui gagne le visage. Il s'approche. Les trois enfants lui jettent des regards inquiets. Il souhaite la bienvenue à tout le monde et donne des ordres pour que l'on porte les biens de la famille d'Irdizzi dans l'appartement qui leur a été réservé.

Celui-ci est composé de deux grandes pièces. Des serviteurs ont passé toute la matinée à le remettre en état et à le nettoyer. Il ne sert plus depuis que les filles aînées de la maison ont été mariées.

Les serviteurs déchargent la charrette des biens qu'elle contient pour les porter dans l'appartement. Yakun-Bâli remercie mille fois Asqudum et son épouse. Déjà les enfants prennent possession de ce nouvel espace de vie qui n'a rien à voir avec leur ancienne maison.

Asqudum laisse les deux femmes visiter ensemble la demeure et fait appeler son fils cadet, Kabi-Addu.

Celui-ci descend rapidement du toit où il avait installé un lit pour se reposer et méditer.

Il remarque les trois enfants.

– La famille s'agrandit ?

– En effet.

– Tu voulais me parler, père ?

– Oui ! Viens avec moi. Nous sortons.

Le jeune homme au visage sérieux acquiesce.

Tous deux quittent la grande demeure. Ils prennent le chemin du quartier des artisans. Rapidement ils se retrouvent devant la boutique d'un lapicide. L'atelier, tout en longueur, est tenu par un homme d'une trentaine d'années. Ce dernier salue les deux visiteurs. Au fond, deux compagnons travaillent.

– Comment se porte le maître devin ?

– Fort bien !

– Et sa famille ?

– Il en est de même ! Comment vont les affaires du maître graveur ?

– Je ne me plains pas.

– Voici mon fils, Kabi-Addu.

– C'est un honneur.

Le graveur fait entrer les deux hommes à l'intérieur de l'atelier. Sur une très longue table sont posés de nombreux outils, des burins, des poinçons, des forets, ainsi que des fragments de pierres semi-précieuses où l'hématite domine. L'un des deux compagnons est en train de polir un petit cylindre de pierre. L'autre grave avec application un autre de ces cylindres qui va par la suite servir de sceau.

Asqudum sort de sa manche un morceau de lapis-lazuli d'un bel éclat.

Le maître graveur, à l'œil averti, remarque :

– Voilà une bien jolie pierre.

– Je l'ai rapportée d'un récent voyage. Mon fils a l'âge d'avoir son propre sceau. Je te charge de le graver.

– Mon art est à votre service.

Kabi-Addu remercie son père de lui offrir un tel présent.

Le maître graveur demande :

– Que dois-je y mettre ?

– Son nom.

– Kabi-Addu, fils d'Asqudum ?

– Oui ! Ajoute qu'il est serviteur de Zimri-Lim, car tel est son destin.

– Bien ! Et pour les symboles ?

Asqudum demande à son fils :

– Qu'en penses-tu ?

– Je ne sais pas ! Sans doute des symboles de dévotion.

– Oui ! On te représentera en prière face à la déesse. Mais il te faut autre chose pour symboliser ce que tu es vraiment.

Le maître graveur suggère la présence d'un sphinx et d'un génie ailé. La proposition plaît aux deux visiteurs. Asqudum et le maître graveur se mettent d'accord sur le prix tandis que Kabi-Addu ressort de l'atelier.

Son père vient le rejoindre peu après et lui propose d'aller boire dans une taverne. Asqudum a quelque chose à dire à son fils.

– Tu deviens sérieux, mon père.

– Il le faut quelquefois.

Non loin de là, sur une petite place, se trouve une taverne coincée entre un autel du dieu Shamash et un marchand d'osier. Ils s'installent et commandent de la bière supérieure.

– J'ai parlé avec Itur-Asdu.

– Le gouverneur de Mari ?

– Oui ! Il semble prêt à marier sa fille.

– Avec moi ?

– En effet.

Le jeune homme paraît un instant troublé. Puis il dit :

– Comme tu veux.

– On en dit du bien.

Kabi-Addu finit d'un trait son bol de bière.

– La nouvelle ne t'enchante-t-elle pas ? Tu sais, il n'y a pas que des inconvénients au mariage.

– Je sais bien qu'à mon âge il est temps de penser à me marier. Tu m'as choisi la fille d'Itur-Asdu, et ce choix satisfait les deux familles. Que dire d'autre ?

– Rien ! Il n'y a rien d'autre à dire. Mais tu pourrais te réjouir un peu.

– Sans doute.

Asqudum sent une pointe de reproche dans le regard de son fils. Il ajoute :

– Tu as toujours été un mystère pour moi.

Kabi-Addu ironise :

– Tu aurais pu utiliser ta divination pour mieux me connaître.

– Je ne l'utilise que pour le roi.

Ils commandent deux autres bols de bière, les boivent rapidement sans plus se parler avant de quitter l'établissement.

Shû-Nuhra-Hâlu s'entretient avec un capitaine de la garde. Tous deux sont penchés sur une tablette sur laquelle le ministre des entrées du palais a dressé la liste des fonctionnaires qui ont prêté serment le matin, et ont ainsi rejoint le cercle privilégié des personnes habilitées à circuler dans le palais royal. Le capitaine déchiffre lentement les lignes de signes cunéiformes. Shû-Nuhra-Hâlu fait semblant de ne s'apercevoir de rien. Il sait que la susceptibilité du capitaine n'égale que son ambition. Entré dans l'armée du roi comme simple soldat, il est parvenu, moins de deux ans plus tard, à intégrer le corps d'élite de la garde royale avec le rang d'officier. Afin d'accéder à cette fonction, il a dû apprendre à lire et à écrire auprès d'un scribe du palais. Seuls des lettrés occupent les postes à responsabilités.

Shû-Nuhra-Hâlu attend patiemment que le capitaine ait fini de parcourir la tablette. Il observe cet homme obstiné à s'élever dans la hiérarchie et se demande s'il aurait eu la même énergie. Depuis son plus jeune âge il est destiné à une carrière dans l'administration. Avant lui, son père et son grand-père ont travaillé auprès des prédécesseurs de Zimri-Lim. Aussi a-t-il étudié dès l'enfance et tout naturellement obtenu un poste de fonctionnaire à l'issue de ses années d'apprentissage. Qu'en aurait-il été si sa naissance l'avait destiné à cultiver la terre ? Aurait-il eu le courage d'aller risquer sa vie dans les armées royales pour pouvoir espérer un avenir meilleur ? On devient rarement soldat par amour du combat, mais le plus souvent pour échapper à sa condition. Fonctionnaires, artisans, commerçants, tous exercent le métier de leurs pères. Pour les paysans qui ne possèdent pas de qualification particulière l'armée constitue la seule possibilité d'émancipation. Et quand on se montre intelligent et courageux, et qu'on survit, on peut s'assurer une position sociale enviable. Mais cela demeure un pari risqué. Pour un homme parvenu aux honneurs, combien sont tombés dans des batailles inutiles décidées uniquement pour assurer au souverain un peu de prestige supplémentaire et nourrir son orgueil ou celui de ses voisins ?

Shû-Nuhra-Hâlu soupire. Ses pensées l'ont entraîné sur un terrain dangereux. Il est tellement plus confortable d'admettre que les dieux décident de la place de chacun.

Le capitaine relève la tête. Il a achevé la lecture de la tablette. Il assure Shû-Nuhra-Hâlu que les ordres seront transmis pour que les nouveaux fonctionnaires puissent entrer au palais. Les deux hommes s'entretiennent un moment du récent mariage du roi, le sujet de conversation incontournable de ces derniers jours. Tous deux rivalisent de qualificatifs élogieux sur la beauté de la princesse, avant de se séparer en appelant la félicité divine sur le roi et sa nouvelle épouse.

Yakun-Bâli se tient, hésitante, sur le seuil. Elle n'ose pénétrer dans la cuisine, où l'on s'agite pour la préparation du repas du soir. Tout à l'heure, quand le maître et son épouse l'ont accueillie, elle était beaucoup trop émue et impressionnée pour poser des questions. Mais elle ne sait comment faire à présent. L'appartement qu'elle occupe ne dispose pas d'installations culinaires. Aussi s'est-elle résolue à se rendre jusqu'aux cuisines demander l'autorisation d'utiliser un fourneau pour cuire les quelques provisions qu'elle a apportées. Alors qu'elle rassemble son courage pour franchir la porte, une des cuisinières l'aperçoit, et l'interpelle d'une voix forte :

– Qui es-tu et que cherches-tu ici ?

Yakun-Bâli recule d'un pas. Tous ceux qui se trouvent dans la cuisine se sont retournés et la fixent d'un air interrogateur. Parmi eux, elle reconnaît Yamama, ce qui ne fait qu'ajouter à son trouble.

Celle-ci, cependant, s'avance vers elle.

– Bonsoir Yakun-Bâli. Que désires-tu ?

La jeune femme répond en rougissant, peinant à trouver ses mots.

– J'aurais besoin… d'un fourneau pour cuire notre dîner.

– Ne t'inquiète pas de cela. Toi et tes enfants prendrez vos repas à notre table. Tu entendras un serviteur appeler le moment venu.

Elle murmure en baissant la tête :

– Oui maîtresse.

– Pas de maîtresse entre nous ! Appelle-moi Yamama, tout simplement. Et laisse-moi te présenter nos cuisinières. Tu pourras, à l'occasion, m'aider à superviser le repas.

Yamama se tourne alors vers la cuisinière la plus âgée.

– Voici Zaniha. Elle dirige les cuisines. Auparavant elle travaillait au palais, mais je suis fière de l'avoir convaincue de rejoindre notre maison. J'ai dû user de persuasion auprès de l'intendant et je me réjouis chaque jour de mon habileté. Tu comprendras pourquoi après le repas.

La cuisinière sourit, flattée.

– Voici Yuna-Alam et Larina auxquelles Zaniha transmet avec parcimonie ses secrets. Elles assurent en outre le service à table.

Yamama s'approche de Yakun-Bâli et lui pose une main sur l'épaule. Elle s'adresse aux cuisinières.

– Je vous présente Yakun-Bâli, la femme d'Irdizzi, l'assistant du maître. Elle est venue aujourd'hui s'installer dans notre maison avec ses enfants. Ils font désormais partie de notre famille.

Les cuisinières sourient enfin et la saluent amicalement.

– Je vous laisse à présent, nous avons réglé les détails du repas de ce soir. Yakun-Bâli, si tu le souhaites, tu peux rester un moment, vous ferez plus ample connaissance. Et qui sait, Zaniha te confiera peut-être quelques éléments sur la recette du dîner en signe de bienvenue !

Yamama partie, Zaniha fait signe à Yakun-Bâli d'approcher de la table où elle travaille. C'est une femme d'une trentaine d'années, petite et sèche, dont l'apparence physique peut surprendre. Elle est occupée à tapisser un large moule de terre d'une fine couche de pâte.

– Ne sois pas si timide, viens. Tu en as de la chance, la maîtresse te traite comme une fille. Tu aurais pu tomber plus mal. J'en connais qui se seraient empressés de te prendre le peu que tu avais, et même tes gamins, sous prétexte que ton mari ne pouvait plus rembourser sa dette. Eux, ils te font venir chez eux.

Yakun-Bâli approuve d'un mouvement de tête.

Zaniha reprend :

– Je sais ce que je dis. Je suis rentrée aux cuisines du palais à dix ans. J'en ai récuré des plats, et porté des cruches. Heureusement, le chef cuisinier m'aimait bien. Un peu trop parfois, mais bon, je savais m'en débrouiller, c'est la vie. Il m'a permis d'apprendre la cuisine. Je m'y suis vite bien entendue, ça me plaisait, et, de toute façon, je n'avais pas le choix. Rapidement, j'ai eu ma réputation. Si bien que la maîtresse a supplié pour que je vienne travailler chez elle. Je me suis dit : ça me changera du palais, je serai tranquille. Je regrette pas. Tu verras, toi aussi tu t'y plairas.

Un peu abasourdie par ce flot de paroles, Yakun-Bâli fixe la cuisinière sans rien dire.

Celle-ci s'en aperçoit.

– Je parle trop, comme toujours. Tu t'y feras ! Regarde plutôt cette tourte, tu t'y connais dans la préparation des oiseaux ?

– Un peu. Mon mari était habile à la fronde, il m'en rapportait parfois.

– Pour ce soir je les ai accommodés en tourte. J'ai d'abord détaché la tête, le cou et les pattes. Puis je leur ai ouvert le ventre pour en retirer la fressure et le gésier, que j'ai pelé. Écoute bien la suite. Tu haches la fressure, et tu mets les différents morceaux à revenir dans un chaudron. Tu saupoudres ensuite de sel, et tu recouvres d'eau et de lait. Tu y ajoutes un morceau de graisse et des bois aromatiques. À ébullition tu jettes des poireaux émincés et de l'ail écrasé avec de l'oignon. Tu laisses mijoter, en rajoutant un peu d'eau si ça attache. Pendant ce temps, tu nettoies de la semoule que tu détrempes de lait. Une fois humide, tu la pétris avec de la saumure, en incorporant du poireau, de l'ail, du lait, et du gras de la marmite. Tu laisses ensuite gonfler la pâte dans un grand récipient. Maintenant, tu vois, je suis en train de l'étaler au fond du plat. Dans cet autre plat, on va en étaler aussi, ça sera pour le couvercle de la tourte. Là, on va cuire la pâte au four…

Yakun-Bâli a suivi avec peine les explications de Zaniha. Elle s'enhardit à demander :

– Et ensuite ?

– Quand la pâte sera cuite, on rangera les oiseaux qui ont cuit dans la marmite dans l'un des plats. On parsèmera de la menthe, puis on détachera la pâte de l'autre plat, et on la posera dessus.

– Et c'est tout ?

– Oui, tu me diras ce que tu en penses. Maintenant, je dois finir de tout préparer. Et toi, tu ferais bien d'aller t'arranger pour dîner à la table du maître.

– Tu as raison. Merci pour la recette.

Yakun-Bâli traverse la cour pour rejoindre l'appartement où l'attendent ses enfants. Il s'agit désormais de s'assurer qu'ils se tiennent bien lors du repas.

Le prophète s'est allongé sur sa couverture. Le soir est tombé. Il est fatigué.

Il a mangé une bouillie d'orge qu'on lui a apportée et un morceau de pain fourré de dattes.

Trois de ses compagnons du jour sont restés avec lui. Les autres sont rentrés chez eux.

Ils vont passer la nuit à la belle étoile. Lui, il en a l'habitude.

Il observe un long moment la lune qui monte dans le ciel.

L'un de ses compagnons demande :

– Que te dit le dieu Sin pendant son voyage nocturne ?

– Il me dit que les temps changent.

CHAPITRE 5

L'inspection commence de bonne heure. La petite esplanade qui précède la caserne et sert à la manœuvre, s'est rapidement remplie dès l'annonce par un messager du palais de l'arrivée du roi. Les troupes sont alors sorties en bon ordre et maintenant patientent, tandis que Shamash, l'astre solaire, brille au-dessus de la ville. Plus bas, en un désordre bien contrôlé, les intendants font charger les chars et les mulets de bât avec les vivres et les armes nécessaires à l'expédition. Les cris des animaux et des porteurs s'opposent ainsi au silence organisé de l'armée royale.

Sur plusieurs rangs on trouve la garde à effectif presque complet ainsi que deux compagnies de deux cents hommes chacune. Une petite étoffe de couleur cousue sur l'épaule permet de distinguer l'unité à laquelle chacun appartient. Celle désignant la garde royale est rouge. Les soldats sont vêtus d'une tunique, chaussés de sandales et coiffés d'un casque en cuir. Leur équipement consiste surtout en un bouclier en roseau tressé, une paire de javelots et une lance, mais une partie d'entre eux portent, à la place de la lance, un arc et un carquois garni de flèches. Les membres de la garde royale ont accroché des armes de poing à leur ceinture. Certains ont choisi la masse d'arme, d'autres lui ont préféré un long poignard.

Le roi arrive. Monté sur un mulet, revêtu d'un habit clair et simple, il porte toutefois une coiffe royale et une lance de cérémonie.

Napsi, général des armées, et Burqan, général de la garde royale, accompagnent à pied leur souverain. Napsi respire lourdement, observant autant que possible la troupe alignée. Il aime le combat et montre quelques signes d'impatience. Burqan, à l'inverse, est plus inquiet. Partir à la guerre n'est jamais une chose facile. Abandonner le palais est toujours un choix délicat.

Zimri-Lim descend de sa monture qu'un palefrenier retient par une longe.

Les capitaines qui commandent les compagnies viennent saluer le roi qui passe ensuite entre les rangs. Les soldats paraissent prêts à se battre. Certains sont des vétérans qui ont fait avec lui la longue campagne qui l'a mis sur le trône de Mari, d'autres sont de nouvelles recrues qui n'ont encore jamais connu l'ivresse de la mêlée. Il se montre satisfait de l'inspection. Les capitaines et les généraux également. On explique alors au souverain l'état d'avancement des préparatifs. On a prévu de quoi effectuer deux semaines de campagne et les réserves du palais ont été mises à la disposition des intendants de l'armée.

Zimri-Lim conclut d'une voix ferme, à destination de ses troupes :

– La campagne sera brève. Vous serez vaillants. Nous serons vainqueurs.

L'assistance approuve, même si certains en doutent. Les tribus benjaminites sont rapides et peuvent se disperser dans le désert avant de se regrouper et fondre sur une nouvelle proie.

On avance enfin le char royal. Un char léger, tiré par une paire de chevaux. Le souverain admire les deux étalons qui hennissent. Il a lancé depuis peu la fabrication de chars de guerre aux roues évidées, pourvues de rayons. Leur maniabilité et leur rapidité en font des armes qu'il espère redoutables. Zimri-Lim sait que jamais son armée ne sera aussi nombreuse que celle de ses puissants voisins. Il n'en a pas les moyens. Seules la tactique et une efficacité accrue peuvent le conduire à la victoire. La diplomatie aussi.

On amène un agneau pour procéder à la divination. Gulli, le jeune devin qu'Asqudum a désigné pour accompagner l'expédition, invoque la déesse Ishtar dans sa fonction guerrière et procède à la lecture des entrailles de l'animal. Ému et fier d'avoir été choisi pour assumer cette lourde responsabilité, il annonce que l'expédition est placée sous les meilleurs auspices. Que les dieux y sont favorables. Mais que le temps jouera un rôle important. Il faut effectivement partir aujourd'hui même.

On fait rompre les rangs et les généraux donnent l'ordre de finir les préparatifs pour l'après-midi. On marchera de nuit, s'il le faut.

Le roi remonte à dos de mulet et quitte l'esplanade de la caserne.

Sur le chemin qui le ramène vers le palais, sa monture est tout à coup surprise par l'irruption inattendue d'une jeune fille au milieu du convoi. Le mulet royal se cabre presque. Zimri-Lim a du mal à le reprendre en main. Un serviteur qui tente d'aider son maître reçoit un violent coup de sabot.

La jeune fille ne s'est pas arrêtée. Elle court toujours, comme si elle était poursuivie. Puis elle s'immobilise, se retourne, et croise le regard du souverain de Mari. Elle ne le connaît pas, et le spectacle qu'elle a sous les yeux la fait rire.

Qui est cet homme à dos de mulet suivi par une troupe ?

Zimri-Lim la trouve étrange, avec son air farouche, son visage sale, et cette sorte d'absence dans le regard.

L'un des gardes bondit à la poursuite de la jeune fille. Un tel sacrilège doit être puni. Mais le roi le retient d'un cri. Le garde s'arrête et elle disparaît vite entre les maisons.

Asqudum pénètre en silence dans la pièce. Hibram est assis face à l'enfant qui écoute les paroles du vieux maître.

– Gilgamesh devint l'ami d'Enkidu, et tous deux prirent la route pour la forêt des Cèdres…

– Où se trouve cette forêt ?

– À l'ouest du monde.

– Est-ce là qu'ils vont rencontrer le géant Umbaba ?

– Oui ! Mais attends un peu la suite…

– Et qu'ils vont le battre ?

– En effet !

– Mon père m'a parlé de cela.

– T'a-t-il parlé de la déesse Ishtar ?

– Je ne sais plus.

Hibram propose de mettre fin à la leçon. Nakatum se lève et s'incline devant Asqudum au moment où il quitte la pièce.

Asqudum s'approche de son ami et l'aide à se lever.

– Comment le trouves-tu ?

– Il a l'esprit vif.

– Tout comme son père.

Les deux hommes sortent.

– Tu as l'air soucieux.

– En effet. La mort d'Irdizzi me préoccupe.

– La vengeance est souvent la source de bien des tourments.

– Il ne s'agit pas de cela. Il faut en effet venger sa mort, mais je sens l'existence de quelque chose de plus grave au-delà du meurtre de mon assistant.

– Te voilà bien mystérieux.

– Il a été assassiné ! Et sa mort pourrait être liée à celle de Bannum.

– Bannum ? Comment est-ce possible ? La mort du maître des pâtures remonte à pratiquement un an.

– Il s'agit de la façon dont ils ont été tués tous les deux. Étranglés à l'aide d'une corde, et dans le palais royal même.

– Tu as raison ! Voilà qui est bien singulier. Le maître des pâtures et ton esclave se connaissaient-ils ?

– Je ne pense pas. Pas en dehors de leurs fonctions en tout cas. Il se passe quelque chose dans le palais.

– Parles-en au roi.

– Il part à la guerre et il ne voudra rien entendre sans preuve.

– Quel intérêt aurait eu celui qui a tué ton esclave ?

– Irdizzi a sans doute vu ou entendu quelque chose. Il voulait me parler peu avant sa mort. Comme un idiot, je n'ai pas pris le temps de l'écouter.

– Et quel but poursuivait celui qui a supprimé Bannum ?

– Je ne sais pas. Le maître des pâtures travaillait à la nomination des fonctionnaires.

– Peut-être que l'un d'entre eux lui en voulait. Si on replace sa mort dans le contexte de l'époque, nous étions peu de temps après la prise de pouvoir du roi. Beaucoup de fonctionnaires nommés par son prédécesseur étaient encore en place.

– Oui ! Bannum devait en remplacer un certain nombre par d'autres plus fidèles. Mais ça n'explique pas la mort d'Irdizzi.

– Ce fonctionnaire étant resté en place, il est sans doute encore au palais royal. Irdizzi l'aura vu ou l'aura entendu. On l'aura éliminé pour ça.

– Ton hypothèse est séduisante.

– Elle n'est basée que sur ta supposition d'un assassin unique. Et rien ne dit que les deux meurtres soient liés.

– Je le sens.

– Ce n'est pas suffisant. Les choses et leur apparence n'ont pas souvent de rapport.

– Nous verrons.

Asqudum quitte le précepteur et se retire dans sa chambre pour se reposer. Il s'allonge un instant, ferme les paupières pour mieux se concentrer sur ce qu'il sait et sur ce qu'il lui reste à découvrir.

L'esclave entre en courant dans la pièce de travail. Il se met à crier, tout essoufflé qu'il est :

– Maître !

Nasir-Annu se retourne.

L'esclave s'incline presque devant l'ambassadeur de Babylone.

– Maître ! Ils en ont vu.

– Où ça ?

– Au sud de la ville. Il faut se dépêcher.

– Prépare tout ! J'arrive.

L'esclave quitte la pièce.

Nasir-Annu se lève de son tabouret, s'étire, sourit.

Enfin une bonne journée dans cette ville.

Il rejoint ses appartements, quitte sa tunique de travail pour un vêtement plus léger.

Quand il arrive dans la cour de sa demeure, l'esclave l'attend, accompagné d'un serviteur de la maison. Tous deux portent les arcs, les carquois et le grand filet dont il espère bien avoir à se servir.

Les trois hommes sortent de la demeure et prennent la direction de la porte de Dagan, au sud.

L'esclave et le serviteur ont bien de la peine à suivre l'ambassadeur tant son impatience est grande. On a signalé des autruches, il va pouvoir chasser, et il n'y a rien qui puisse l'exciter autant que la chasse.

Ils sortent de la ville en même temps qu'une caravane y entre. L'esclave précise que le troupeau a été repéré à une heure de marche environ et qu'il semble se diriger vers l'ouest.

Nasir-Annu calcule mentalement. En bifurquant maintenant sur la droite, ils peuvent espérer croiser le troupeau quelque part autour des petites collines qui se profilent un peu plus loin.

Les deux autres sont d'accord avec lui.

Nasir-Annu reprend la tête du groupe, en accélérant une fois de plus le pas. Ils marchent ainsi une bonne heure, ne faisant qu'une courte halte pour boire un peu à une gourde et avaler quelques dattes.

Les pas réguliers des trois hommes brisent le silence qui règne dans cette steppe désertique. Mari, derrière eux, a presque disparu. Seuls le palais et les temples les plus hauts apparaissent encore.

Soudain le serviteur, qui sans doute a la meilleure vue, pousse un petit cri. Les deux autres s'arrêtent. Il leur désigne un point sur la plaine où quelque chose bouge.

Nasir-Annu confirme. Il s'agit bien d'un troupeau d'autruches. Il est encore à cinq cents ou six cents pas.

L'ambassadeur attrape l'arc et le carquois que lui tend l'esclave. Puis ils se remettent à marcher, en formant une seule file pour éviter d'effrayer les animaux. À mesure qu'ils avancent, ils se mettent à ralentir et à se courber. Ils ne sont plus qu'à deux cents pas et peuvent maintenant compter le troupeau. Une dizaine d'adultes et trois petits qui se déplacent lentement tout en cherchant de la nourriture.

Les trois hommes optent pour une approche lente et irrégulière. Quelques foulées suivies d'un arrêt, avant de reprendre et à nouveau de s'arrêter.

Nasir-Annu connaît ses limites ; il sait qu'à moins de cinquante pas sa précision est faible. Il sait également qu'une fois prises de panique les autruches s'enfuiront rapidement. Il se met à transpirer. Ses mains deviennent moites.

Ils ont parcouru encore une centaine de pas. L'ambassadeur s'allonge sur le sol et se met à ramper. Les deux autres posent le matériel superflu. Seul le serviteur, également muni d'un arc et d'un carquois, se met à ramper à la suite de l'ambassadeur. L'esclave reste assis à observer la scène. Il voit les deux hommes avancer lentement sur quelques dizaines de pas avant de s'immobiliser. L'une des autruches regarde dans leur direction. L'esclave s'allonge rapidement. De longues minutes passent avant qu'elle ne détourne la tête et retourne à sa quête de nourriture.

L'ambassadeur et le serviteur reprennent leur avancée avant de s'immobiliser une seconde fois. Ils sont à bonne distance. Chacun d'eux encoche une flèche et en garde une autre à portée de main. Ils s'indiquent par signes quelle cible choisir.

D'un coup ils se lèvent. En l'espace d'une seconde deux flèches partent en direction de l'une des autruches et la manquent de peu. Avant que le troupeau ne puisse réagir, les deux hommes ont encoché et tiré leur deuxième flèche.

Les animaux, un temps surpris, se sont mis à courir. Aucun d'eux n'a été atteint par la deuxième volée. L'ambassadeur comprend qu'il rentrera bredouille en voyant le troupeau s'enfuir dans un nuage de poussière.

L'esclave vient rejoindre les deux chasseurs en se désolant de ce manque de réussite.

L'ambassadeur cache sa déception :

– Quel serait le plaisir de la chasse s'il fallait réussir à chaque fois ?

Zimri-Lim écoute attentivement les propos des artisans en charge de la décoration de son palais.

Le sujet des prochaines fresques à sa gloire lui convient. Il fait estimer le temps nécessaire à leur réalisation et le prix que cela coûtera aux finances du palais royal.

Les artisans expliquent qu'il s'agit d'un long et coûteux travail et commencent à calculer entre eux.

C'est alors que la reine mère se fait annoncer dans le cabinet de travail.

Les artisans sont conviés à se retirer dans une pièce adjacente.

Addu-Dûri fait son entrée.

– Mon fils, enfin je te trouve.

– Ma mère, comment te portes-tu ?

– Bien et mal. J'apprends que tu pars à la guerre.

– C'est une nécessité.

– Tu ne m'avais rien dit de tes projets.

– La décision vient d'être prise.

– Je vais m'inquiéter pour toi.

– Il ne s'agit que d'une campagne mineure contre les tribus benjaminites.

– Tu aurais pu m'en parler. Ne suis-je point ta mère ?

– Et pourquoi cela ? Ne suis-je point le roi ?

Addu-Dûri s'arrête un instant, surprise des propos de son fils.

Elle se reprend.

– Il me semblait que je t'avais assisté pendant toutes ces années.

– Et je t'en remercie. Mais peut-être est-il temps que ma mère cesse de se prendre pour mon conseiller.

– Que veux-tu dire ?

– J'ai fait préparer le palais de Terqa pour toi. On t'y attend avec tous les honneurs.

– Tu me chasses de Mari ?

– Ma mère, Terqa est une ville accueillante. Tu y auras une position privilégiée. Le gouverneur sera à tes ordres.

– Mon fils…

– On m'attend. Je dois te laisser.

Zimri-Lim se retourne vivement sans oser regarder la reine mère.

– Qui t'a conseillé d'agir ainsi ?

Le roi reste silencieux.

Elle poursuit :

– Est-ce cette princesse du Yamkhad ?

– Ma mère ! On m'attend.

– Parfait ! Si telle est ta décision.

Addu-Dûri quitte furieuse le cabinet de travail du roi. Zimri-Lim soupire. Cela s'est mieux passé que prévu.

Madalaya pénètre dans la pièce que l'on a coutume, dans la maison, d'appeler la salle d'étude. C'est là que tous les enfants d'Asqudum ont reçu leurs leçons, et qu'Hibram a repris son activité auprès du jeune Nakatum. Des étagères de bois sont appuyées contre les murs, sur lesquelles sont alignées des tablettes, par genre. Deux étagères entières sont occupées par des modèles de foies en argile, qui constituent les références pour l'activité de divination d'Asqudum. Sur chacun d'eux sont notés les présages qu'il convient de tirer de la position des taches ou irrégularités observées sur le foie des animaux sacrifiés. Deux autres étagères regroupent des traités de divination et des textes d'incantation. Les trois dernières contiennent des textes mythologiques, des poèmes et une copie de l'épopée de Gilgamesh sur laquelle tous ont appris à lire.

La jeune fille est presque certaine de trouver son frère assis à la grande table, penché sur une tablette. Quand il n'est pas en ville avec ses amis ou sur le toit à méditer, il se réfugie presque toujours dans la salle d'étude. Elle ne s'est pas trompée. Elle s'approche sans bruit et, arrivée derrière lui, bondit en riant, se jetant au cou de son frère. Kabi-Addu sursaute.

– Quelle pénible ! Tu ne grandiras donc jamais ?

– À quoi cela me servirait-il ? Dès que notre père aura réalisé que je ne suis plus une petite fille, il se précipitera pour me donner en mariage au fils d'un de ses amis du palais.

– Ou, pire, à l'un de ses amis tout court ! Un vieux, ventripotent, sans doute libidineux, que ta jeunesse excitera !

– Tais-toi, je te déteste ! Et puis notre père ne fera jamais cela. Pas à moi.

Madalaya bénéficie d'une indulgence toute particulière de la part de son père. Alors qu'Asqudum n'a pas hésité à marier ses autres enfants au mieux de ses intérêts politiques, il fait semblant de ne pas se rendre compte qu'il est largement temps de se préoccuper du sort de Madalaya. La vérité est qu'il n'est pas pressé de voir sa fille préférée quitter la maison. Il n'est pas disposé à se priver trop vite de sa vivacité, de son rire, du bonheur de voir posés sur lui ses grands yeux noisette, tour à tour charmeurs ou brillant d'une flamme malicieuse.

– Tu as raison. Pas à toi, bien sûr. Pour ce qui me concerne, il n'a pas ces scrupules. Il entend me donner en mariage la fille d'Itur-Asdu et me faire désigner pour quelque poste administratif imbécile lors des prochaines nominations de fonctionnaires !

– Maman m'en a parlé. Elle dit que la fille d'Itur-Asdu est jolie, tu sais.

– Je m'en moque bien. Je n'ai aucune envie de me réveiller un jour administrateur d'une forteresse peuplée de militaires idiots, doté d'un marmot brailleur et d'une épouse difforme déjà grosse du second !

– Tu exagères !

– Vraiment ? N'est-ce pas ce qui est arrivé à Enlil-Îpush ?

– Peut-être, mais il n'a pas l'air de s'en plaindre.

– Nos sœurs se plaignent-elles de leurs époux ? Et pourtant tu n'envies pas leur sort !

Madalaya ne sait quoi répondre. Elle connaît son père. Il ne cédera pas.

Itur-Asdu s'impatiente en attendant l'arrivée de son visiteur. Le gouverneur de Mari doit organiser l'absence du roi et veiller à ce que l'ordre et la sécurité de la ville et de sa région soient assurés pendant que le souverain est à la guerre.

Le palais du gouverneur se trouve non loin du grand marché. Itur-Asdu n'y réside pas. Il préfère sa propre demeure, plus calme et plus confortable.

Son secrétaire entre.

– Te voilà enfin, Amali !

L'homme aux cheveux blancs, à la démarche hésitante, s'incline. Il est au service des gouverneurs de Mari depuis de très longues années. Il en a connu beaucoup et a vécu la prise de pouvoir de Zimri-Lim comme un simple accident administratif.

Amali s'excuse de son retard, prétextant une visite au palais royal.

Itur-Asdu va s'asseoir. La séance de travail peut commencer.

– Réglons le problème de la sécurité de la région. De quelles forces disposerons-nous ?

– Deux compagnies plus les sbires chargés de l'ordre dans les quartiers.

– Il faut nous tenir prêts. Tu convoqueras les capitaines. Les troupes disponibles, plutôt que de rester oisives, iront manœuvrer à l'extérieur. Ce sera l'occasion de tester leur nouvel équipement.

– Quand cela ?

– Dès que possible.

– Et pour la sécurité de la ville ?

– Les sbires devraient suffire. Quelle est la principale menace du moment ? Babylone ? Eshnunna ?

– Non ! Les Bédouins.

– Le roi part les combattre. Nous n'aurons rien à craindre.

– Rien sans doute. Je vais convoquer les capitaines pour ce soir.

– D'autres sujets ?

– Une demande du palais royal. Des travaux sont à prévoir pour le canal.

– Combien d'ouvriers ?

– Une centaine. Il faut que cela aille vite.

– Comment le roi veut-il que je lui fournisse autant d'ouvriers ? Entre la réfection des murailles et les travaux agricoles, je n'ai plus personne.

Le secrétaire connaît son sujet.

– J'ai fait les comptes. On peut en trouver

une cinquantaine dans les champs sans que cela ne retarde les récoltes.

– Et pour l'autre moitié ?

– On peut augmenter la durée des journées de travail.

– Et avec quoi allons-nous les rétribuer ? Nos réserves sont au plus bas.

– Demandons un transfert du palais. C'est lui qui commande les travaux.

– Tu as raison. Je vais écrire à Bahdî-Lim.

Il appelle le scribe qui attendait dans une antichambre. L'homme entre avec son équipement déjà prêt. Une fois la demande rédigée, la tablette est confiée au messager chargé de la porter au palais.

Amali soumet ensuite les comptes de la semaine. Les réserves sont en effet au plus bas. Itur-Asdu jette un coup d'œil sur chacune des tablettes administratives que son secrétaire lui tend.

– Comment se présentent les récoltes à venir ?

– Les champs devraient donner plus que l'an passé.

– Enfin une bonne nouvelle. Mais tiendrons-nous jusque-là ?

Un serviteur entre dans la pièce. Il annonce la visite du juge Dada.

– Que veut-il ?

– Te parler d'une affaire importante. Une affaire d'État.

Nanna se tient dans l'arrière-cour de sa taverne, à l'entrée d'une grande pièce obscure. Elle surveille les opérations de fabrication de sa nouvelle production. Sa bière noire a été particulièrement appréciée par sa clientèle et il lui faut en refaire rapidement. Deux servantes s'affairent autour des cuves. Elles ont jeté les céréales parvenues au point de maltaison attendu dans le bouillon où infusent déjà épices et plantes aromatiques. Un parfum poivré flotte dans la pièce. Bientôt on pourra réduire le feu et laisser le moût fermenter.

Les récipients, alignés contre le mur, sont prêts à recevoir la bière. Nanna donne un conseil à l'une des servantes, quand on entend un cri. L'une des filles de la taverne est entrée dans l'arrière-cour et appelle.

– Vite ! Viens ! On se bat dans ta maison.

Nanna abandonne les servantes et se précipite à la suite de la fille.

Dans la taverne règne un grand désordre. Entre les cris, les pleurs, les fracas, on peut voir plusieurs hommes, faisant partie d'un groupe auquel elle a servi de nombreux pichets de bière, se battre à coups de poings et de tabourets. Les filles se sont regroupées dans l'escalier, les autres clients se sont éloignés.

Une table basse vole, deux pichets se brisent,

un homme tombe, un autre se précipite sur lui en hurlant.

Nanna attrape une épaisse tige de roseau et se lance dans l'action en criant et en injuriant les bagarreurs. La tige siffle et s'abat au hasard sur les épaules.

L'intervention de Nanna les calme. D'un coup, ils s'arrêtent en invoquant la pitié de la tenancière.

Nanna, dont l'œil sombre continue de les menacer, ordonne :

– Tout le monde dehors. Je ne veux plus vous voir chez moi.

Certains parmi eux tentent de se justifier mais Nanna fait tournoyer à nouveau son arme au-dessus de sa tête. Résignés, ils se précipitent hors de la taverne.

Les filles reviennent dans la salle, rangent les tables et les bancs, tandis que les clients reprennent leurs places. Chacun commente l'action.

Nanna interroge au hasard :

– Quel était le motif de la querelle ?

– Une histoire de prophète qui serait arrivé en ville.

– Un prophète ? Comme si nous avions besoin de ça !

La salle est à peine remise en ordre que deux jeunes gens entrent dans l'auberge. Nanna les reconnaît immédiatement. Il s'agit des deux fils d'Asqudum. Elle s'empresse de venir les saluer, de leur demander des nouvelles de leur famille, de mettre à leur disposition la plus jolie de ses servantes.

Les deux frères s'installent dans un angle de la pièce et commandent deux pots de bière. La jeune servante insiste pour qu'ils prennent quelque chose à manger, mais ils n'ont pas faim et veulent rester entre eux.

Elle jette un regard interrogatif en direction de Nanna.

La tenancière lui ordonne discrètement de se retirer.

Pendant de longues minutes les deux frères se parlent. La conversation semble vive. Nanna croit comprendre qu'ils évoquent leur père, le devin royal.

Zimri-Lim attend. Itur-Asdu se présente le premier. Il a l'air plus austère encore qu'à l'ordinaire. Le devin royal entre peu après, suivi du juge Dada qui tient à la main une tablette sur laquelle est consigné son dernier rapport. Derrière lui trottine Gurrudu.

Itur-Asdu prend la parole après que le roi lui en a donné l'autorisation.

– Une affaire sérieuse me conduit devant toi. Un crime a été commis.

Le roi s'étonne :

– Pourquoi avoir fait venir le devin royal ?

– Sa présence est indispensable.

Asqudum écoute attentivement. Lui non plus ne comprend pas ce qu'il fait ici.

Itur-Asdu poursuit. Il rappelle les faits qu'on lui a rapportés. La découverte du corps de l'enfant par Gurrudu. Le juge Dada qui commence l'enquête. Les premières recherches autour du lieu supposé du crime.

Zimri-Lim donne la parole au juge Dada qui résume son rapport.

– Je me suis rendu sur les lieux avec Gurrudu et deux sbires. Nous étions à la recherche de traces pouvant orienter notre investigation. C'est alors que dans un coin de l'impasse, à quelques pas du lieu où l'enfant a été trouvé, nous avons découvert un couteau ensanglanté. J'ai vu le corps de l'enfant. Il n'a que quelques semaines. Il a visiblement été coupé en deux à l'aide d'un couteau.

Gurrudu est impressionné par cette assemblée. Ses fonctions ne le conduisent que rarement devant le roi ; il sent qu'il ne doit pas laisser échapper l'occasion de se faire remarquer. Il se lance d'une voix hésitante, répète la même histoire, fournissant quelques détails supplémentaires.

Itur-Asdu sort alors de sa tunique un objet enveloppé dans une étoffe qu'il déplie, et présente au roi un couteau recouvert d'une croûte brunâtre.

Zimri-Lim porte son regard vers Asqudum en lui montrant le couteau.

– Comment expliques-tu cela ?

Le devin royal baisse les yeux. Il a reconnu l'arme. Les idées se bousculent dans son esprit.

– Je ne me l'explique pas pour le moment... Ce que je sais, c'est qu'il s'agit bien du couteau de cérémonie qui a disparu après la mort d'Irdizzi, mon aide. Je n'ai pas d'autre information.

Le roi ordonne :

– Je pars pour la citadelle de Dur, je veux qu'à mon retour ces deux mystères soient résolus et je rendrai la justice. Les dettes de sang devront être payées.

Le juge Dada et Gurrudu s'inclinent avant de quitter lentement la salle du trône. Ils veulent profiter encore quelques instants de la royale présence.

Au même moment, Burqan pénètre dans la salle. Le roi comprend au regard du général de la garde que tout est prêt pour l'expédition. Il envoie alors chercher les autres membres du Conseil royal.

Asqudum n'a pas bougé. Il est sombre. Il sait maintenant qu'on complote contre lui.

Les membres du Conseil arrivent alors.

En leur présence, Zimri-Lim confie solennellement à Bahdî-Lim la charge du palais et du royaume durant son absence. Un scribe apporte la tablette portant la délégation de pouvoir. Le roi y appose son sceau. Le document est alors présenté à Bahdî-Lim, qui appose à son tour le sien.

Il soupire. Cette fois encore le roi lui fait confiance. Son autorité sera cependant très limitée et il devra rendre compte de chacune de ses décisions. Plaise seulement aux dieux qu'il n'arrive rien au roi en campagne !

Zimri-Lim salue ses ministres et quitte la salle du trône. Dans une antichambre de ses appartements il se fait vêtir de sa tenue de soldat. Une lourde tunique renforcée de cuir épais. Il gagne ensuite le quartier militaire du palais. Son char est avancé. Yashub, le conducteur, salue son maître. Le roi lui sourit, heureux de retrouver un homme avec lequel il partage le souvenir de nombreuses expéditions militaires. Il flatte les chevaux, et grimpe dans le véhicule.

Ils sortent ainsi par l'arrière du palais.

Sa garde rapprochée est déjà là. Burqan amène son cheval à la hauteur du roi. Ils échangent quelques mots. Quatre gardes à pied prennent place devant eux. Ils se dirigent vers la caserne.

Quand ils y arrivent, tout semble prêt.

Napsi attend. Le général fait aligner une nouvelle fois les soldats. Les officiers prennent position à la tête de leurs unités, les chariots et les mulets de bât sont regroupés.

Zimri-Lim observe son armée, se tourne pour regarder la foule qui s'est rassemblée pour l'occasion, lève les yeux en direction du palais royal qui brille sous le soleil. « Que les dieux me soient favorables », murmure-t-il.

Alors il donne les ordres de mouvement.

La troupe s'ébranle. Un détachement de la garde royale ouvre la marche. Le roi, sur son char, entouré des généraux à cheval, se met à leur suite. Les compagnies se forment en colonnes, encadrées par la garde royale, pour rejoindre leur souverain. À l'arrière commence à s'étirer la file des chariots, des bêtes et des serviteurs.

La longue cohorte quitte lentement la ville par la porte d'Itur-Mer, à l'ouest, sous les acclamations des habitants. Les chefs de quartier ont prévenu la population. Le roi part en expédition militaire. Puisse-t-il apporter de nouvelles richesses à la ville.

Elle est sur le toit d'une maison qui n'est pas la sienne. Ayant profité de l'inattention des marchands, occupés qu'ils étaient à saluer le roi qui partait, elle a volé quelques fruits qu'elle a l'intention de dévorer. Des oiseaux se sont approchés d'elle, espérant leur part du larcin. Elle leur lance quelques morceaux de datte et les regarde se chamailler. Elle prend plaisir à ce jeu et elle s'amuse ainsi, jusqu'à ce que lui parvienne une drôle de rumeur. Elle se penche un peu pour observer ce qui se passe dans la rue.

C'est lui, l'homme qui lui a caressé le visage et qui depuis l'obsède. Il est toujours accompagné d'une petite troupe qui lui dégage le chemin et l'escorte en silence. Elle veut lui faire un signe, pousser un cri, attirer son attention. Mais elle aperçoit une femme sortir d'une maison, une écuelle à la main, et proposer à boire à l'homme. Il accepte, et, en la remerciant, lui caresse le visage.

Elle a tout vu. La colère la traverse. La jalousie s'empare d'elle. Elle jette ses fruits à terre, frappe le sol d'un poing rageur. Elle attend que les clameurs et la troupe s'éloignent, pour descendre du toit. La rue est redevenue calme. Ses doigts sont crispés, son œil est noir, elle fait deux pas, entre dans la maison d'où est sortie la femme.

Elle est là, debout, et doit avoir le double de son âge.

Surprise, la femme la regarde tout en posant son écuelle sur une table.

– Qui es-tu ?

La jeune fille ne répond pas. Elle referme violemment la porte et se jette sur son adversaire, en grognant, en griffant, en frappant.

La femme hurle et tente de se défendre. Un homme accourt d'une autre pièce.

Le combat devient inégal. Malgré sa fureur, son envie de destruction, la jeune fille préfère fuir.

Elle se retrouve dans la rue et se met à courir, abandonnant sur le toit les quelques fruits que déjà les oiseaux se partagent.

L'homme se présente comme étant Karshan, un menuisier qui habite le quartier des artisans. Il a les mains épaisses, le visage ridé, et porte un vêtement très usagé.

Le juge Dada, qui n'aime pas être dérangé pendant la sieste, maudit intérieurement le factionnaire qui s'est absenté de son poste. Il lui demande sans ménagement l'objet de sa visite.

– J'ai appris qu'un meurtre avait été commis.

Le juge Dada s'étonne :

– Quel meurtre ?

– Celui d'un enfant. J'ai appris que ce meurtre remonte à l'avant-dernière nuit.

– Tu es plus au courant que moi. Comment sais-tu ça ?

– Tes sbires interrogent tout le monde.

– Tu peux m'informer sur cette affaire ?

– Il paraît qu'un personnage important est compromis dans cette histoire.

– Personne n'est encore compromis dans quoi que ce soit.

– Dis-moi si je me trompe. Le devin royal…

Le juge Dada coupe la parole à l'artisan :

– Une affabulation !

– Quoi qu'il en soit, et alors que je regagnais ma maison, j'ai croisé le devin royal.

– Il y a deux jours de cela ?

– Oui.

– Dans le quartier du port ?

– Oui.

Le juge Dada paraît intéressé.

– Raconte ce que tu sais !

– Le soir venait de tomber. La ruelle était calme. Soudain d'une impasse débouche un homme.

– Cette impasse est-elle dans la rue en pente qui va des quais à la place du marché ?

– Celle-là même. Il m'a fallu un instant seulement pour le reconnaître.

– Tu es sûr qu'il s'agissait du devin royal ?

– Je n'ai aucun doute là-dessus. Il semblait inquiet.

– Et ensuite ?

– Je crois qu'il n'a pas fait attention à ma présence. L'ombre d'un mur me protégeait. Il s'est retourné à deux reprises, comme s'il avait le sentiment d'être suivi. Il a pris la direction du quai et je ne l'ai plus vu.

– Pourquoi es-tu venu me voir ?

– Je suis un honnête artisan. S'il y a eu crime, le roi doit juger le coupable.

– Tu accuses le devin royal ?

Karshan hésite.

– Je n'accuse personne. Je t'apporte simplement mon témoignage. À toi de voir s'il a un rapport avec cette histoire de meurtre d'enfant.

– C'est ce que je ferai.

Le juge Dada appelle un scribe afin d'enregistrer le témoignage de l'artisan. Celui-ci répète mot pour mot ce qu'il vient de dire. Le scribe retranscrit ses paroles. Quand il a fini, le juge Dada parcourt la tablette et y appose son sceau. Il demande à Karshan de dérouler à son tour son sceau en bas du témoignage. L'artisan s'exécute avant de quitter les lieux.

Le juge Dada demeure perplexe. Comment imaginer le devin royal capable d'un tel forfait ? L'idée même est totalement absurde. Que pouvait-il faire, néanmoins, dans ce quartier, à l'heure où on assassinait un enfant avec un de ses couteaux de cérémonie ?

Il ajourne sa sieste et prévient l'un des sbires qu'il sort.

Une certaine agitation règne dans le quartier des femmes du palais de Mari. Un frémissement joyeux parcourt les appartements. Le départ de Zimri-Lim délivre de la retenue habituelle. Certes, les duègnes veillent à ce que l'étiquette soit respectée et les esprits contrôlés, mais une forme de libération s'est emparée des cœurs des épouses et des musiciennes.

Shibtu aussi perçoit cette différence, même si son arrivée est trop récente pour qu'elle connaisse parfaitement tous les usages et toutes les coutumes du quartier des femmes. Elle compte néanmoins mettre à profit l'absence du roi pour prendre un certain ascendant sur ses compagnes. La mission qu'on lui a confiée exige qu'elle devienne rapidement la princesse la plus importante du palais.

Elenza entre dans son appartement et, tout en disposant colliers et bracelets sur le guéridon, lui fait un discret signe de la main. Le nouveau message a bien été transmis.

Shibtu se prépare ensuite pour le repas du soir. Elenza lui tend un miroir et l'aide à ajuster sa coiffure.

La suivante chuchote :

– Il viendra demain. Il a demandé une audience.

– Parfait.

Shibtu sort de son appartement et se dirige vers la grande salle où, autour d'une longue table, des coussins et des tabourets bas ont été disposés.

Déjà une dizaine de femmes sont assises et d'autres arrivent encore. Shibtu s'installe entre deux jeunes musiciennes avec qui elle a sympathisé. La première est au palais depuis plusieurs années et pourra lui apprendre mieux que les duègnes les règles non formulées mais absolument incontournables qui régissent ce monde féminin. La seconde, nouvellement arrivée, se sent, comme elle, un peu perdue.

La première épouse fait son apparition. Shibtu l'observe avec intérêt. Dam-Hurâsi n'a pas encore trente ans. Elle est d'une beauté impressionnante. Rien d'étonnant à ce que Zimri-Lim ait souhaité en faire son épouse.

Elle aurait dû être reléguée à un rang inférieur. Peu de vainqueurs choisissent de conserver à la reine son statut. Mais, contre toute attente, Zimri-Lim a fait sienne la première épouse de Yasmah-Addu. Dam-Hurâsi salue froidement l'assemblée. Shibtu se demande si cette apparente distance est calculée, ou si réellement rien ne l'atteint. Et s'il en a toujours été ainsi.

Des commérages de ses compagnes, Shibtu sait qu'un seul fils est né de son mariage avec Yasmah-Addu. L'enfant étant mort peu de temps avant que son père ne soit renversé, Zimri-Lim n'a donc pas eu à alourdir sa conscience du meurtre d'un petit prince héritier.

Shibtu frissonne. Un instant, elle songe à ce qui lui arriverait si son époux était à son tour chassé du pouvoir. Non qu'elle lui soit d'une quelconque façon attachée. Mais elle doit admettre qu'il représente désormais pour elle la sécurité. Comme elle déteste sa vie, ce sentiment que rien ne lui appartient ! Comme elle déteste être une femme ! Quel désir peut-elle nourrir qui lui soit propre ? Sa vie devra-t-elle se résumer à obtenir et conserver la première place parmi les femmes du palais ? Quelle absurdité !

Elle soupire. Dam-Hurâsi s'installe à la place d'honneur.

Le repas peut commencer.

Les servantes apportent les différents plats, et rapidement monte le doux chant des conversations.

Après les bouillons et les ragoûts, on présente les premières poires de la saison, et chacune s'en régale.

Shibtu sent sur elle le regard scrutateur de la première épouse. Elle fait semblant de ne pas s'en apercevoir.

Bientôt elle conduira le repas.

Le juge Dada paraît bien embêté. Il est d'une probité extrême. Il n'hésitera pas à faire juger le devin royal par le roi s'il réunit d'autres preuves et que de nouveaux témoignages sont assemblés.

– Et tu dis qu'il m'a vu ?

– Il a témoigné devant moi et un scribe a enregistré ses paroles.

Asqudum sait bien que d'autres pourront affirmer qu'il était effectivement présent dans le quartier du port ce soir-là.

– Cela n'est pas suffisant pour m'accuser ouvertement.

– Le fait est qu'on a retrouvé ton couteau de cérémonie.

– On l'a volé à mon assistant.

– Le pauvre n'est pas là pour en témoigner.

– Pourquoi donc aurais-je abandonné mon couteau après avoir commis ce crime ?

– Le témoin dit que tu paraissais surpris.

On peut imaginer, je dis bien *imaginer*, que tu as été dérangé avant la fin.

– L'accusation ne manquera pas de l'imaginer. J'étais dans le quartier du port pour visiter un ami qui pourra témoigner.

– L'un n'empêche pas l'autre.

– Et qu'aurais-je fait de la deuxième moitié de l'enfant ? M'a-t-il vu avec ?

– Un animal pourra l'avoir dévorée. Il y a des chiens errants et de nombreux rats dans la ville.

Le juge Dada a raison. Des indices s'accumulent contre lui.

Asqudum explique :

– Il me faut trouver des preuves pour me disculper rapidement.

– Comment faire ?

– En retrouvant le coupable.

Le juge Dada acquiesce.

– Je t'aiderai mais tu sais que ni ta position ni ta fonction ne m'arrêteront si les faits confirment ta participation à cette affaire.

– J'ai confiance. Je n'y suis pour rien. J'ai sans doute commis bien des erreurs, mais je n'ai encore jamais tué d'enfant. Retrouvons-nous demain, à la mi-journée, sur les lieux du crime. Peut-être qu'un détail a échappé à tes sbires.

– Bien !

– Comment dis-tu que s'appelle le témoin ?

– Karshan. C'est un artisan du bois.

– Parfait !

Le juge Dada se lève et quitte la demeure d'Asqudum. Demain, il devra ordonner aux sbires de chercher de nouveaux témoins, en espérant qu'ils ne soient pas défavorables au devin royal.

Asqudum est assis au bord du lit, les yeux perdus. Il n'entend pas Yamama entrer dans la chambre. Elle demeure un long moment à le fixer avant qu'il ne ressente sa présence.

– Je te trouve bien soucieux.

– Tu as raison.

– N'est-il pas temps de te confier à quelqu'un ?

– Oui ! Sans doute.

Elle s'assoit à ses côtés. Il pose une main sur sa cuisse, la regarde quelques instants en silence avant de commencer à lui raconter ce qu'il sait.

– On prépare quelque chose contre moi. Personne ne savait que j'allais chez Hibram. Quelqu'un me surveille.

– Tu m'inquiètes.

– J'ai l'habitude. Les intrigues du palais sont innombrables et sans fin. Ce qui est étrange, c'est que si on en voulait réellement à ma personne, on aurait déjà tenté quelque chose.

– Alors pourquoi tout ça ?

– C'est ce que je dois découvrir.

Elle tressaille.

Il replonge dans le silence. Il a laissé sa main posée sur sa cuisse, trouvant quelque réconfort à la sentir proche.

Elle demeure un moment à ses côtés sans rien dire. Puis lentement elle se tourne vers lui, saisit son visage entre ses mains, applique ses lèvres sur ses yeux, sa bouche. Il se laisse faire.

Elle se tient à présent debout devant lui. Ses mains descendent vers ses hanches et font glisser sa robe.

Son corps nu, à la lumière tremblante de la lampe, semble celui d'une toute jeune fille. La taille est fine, les hanches étroites, les seins petits et écartés. Elle paraît si minuscule, si fragile. Il l'attire contre lui, défait ses longs cheveux et s'enivre de leur parfum.

Il espère y trouver l'oubli.

CHAPITRE 6

Le jeune homme, qui pour l'occasion a revêtu sa deuxième tunique, celle qu'il n'utilise qu'en de rares occasions, se présente à l'entrée. Intimidé, presque tremblant, il demande à voir le devin royal.

Le serviteur l'observe un instant avant d'aller prévenir Asqudum.

Impressionné par la riche demeure, le jeune homme observe la vaste cour. Il perçoit l'activité des femmes qui vont, des hommes qui viennent, avant que n'apparaisse le maître de la maison.

– Te voilà, mon garçon ! Entre.

Rabum fait un pas. Il n'ose aller plus loin.

– L'intendant du palais… m'a fait dire que le devin royal voulait me voir.

– Oui ! Approche-toi et suis-moi.

Asqudum se retourne d'un mouvement presque gracieux, Rabum lui emboîte le pas, se porte à sa hauteur.

Tandis qu'ils traversent la cour, Asqudum demande :

– Te plairait-il d'entrer à mon service ? J'ai besoin de quelqu'un qui puisse m'assister pendant les cérémonies divinatoires.

– Moi ? Mais je n'ai jamais fait cela. Je ne suis qu'un fils de paysan qu'on a placé au palais pour servir.

– Je sais cela. Mais telle n'est pas la question.

Le jeune homme fait un signe de la tête.

– Servir le devin royal serait un grand honneur.

– Plus grand que servir le roi ?

– Aux cuisines, j'ai plus l'impression de servir le cuisinier qui sert le chef cuisinier qui sert l'intendant qui sert le roi.

Asqudum sourit.

– L'intendant a préparé l'acte. Tu entres à mon service aujourd'hui même.

Rabum, surpris, ne parvient pas à exprimer ses sentiments.

Asqudum le guide vers une petite pièce qui ouvre directement sur la cour.

– Voilà ta chambre.

Elle est simple. Un lit et un coffre forment l'essentiel du mobilier. Au sol une grande natte et une cruche en terre cuite. Sur le lit sont posées des étoffes.

– Cela te convient-il ?

– Oui !... Oui !

Asqudum poursuit :

– Ces étoffes constituent ton premier salaire.

– Vous saviez que j'allais accepter ?

– Entre les cuisines du palais et la charge d'assistant du devin royal, je ne me serais même pas posé de question.

– En effet.

Mais Asqudum devient d'un coup plus sérieux.

– Je dois te remettre quelque chose en plus. Attends-moi un instant.

Et il quitte la pièce.

Rabum émet un large sourire. Sa situation s'améliore. Il inspecte les étoffes. Elles sont de qualité. Un bon pécule de départ. Et le devin royal a la réputation d'être un bon maître.

Quand Asqudum revient, il est plus sombre encore.

– Que se passe-t-il, maître devin ?

– Je dois te mettre en garde.

– Contre quoi ?

– Contre des dangers potentiels. Je ne t'apprendrai pas la fin tragique de ton prédécesseur.

– Non !

– Voilà pour toi.

Il lui présente un couteau de cuivre dans un fourreau de cuir.

Le devin royal ajoute :

– Garde cette lame avec toi. On ne sait jamais.

Rabum reste sans rien dire, partagé entre l'inquiétude et la joie qu'il ressent.

Asqudum conclut :

– Maintenant retourne au palais. Prends tes affaires et apporte-les ici. Nous commencerons ton apprentissage dès aujourd'hui.

– Bien, maître devin.

Le jeune homme pose le couteau sur le lit et s'empresse de sortir.

Asqudum le rappelle.

– Rabum !

– Oui, maître devin ?

– Ne t'ai-je pas dit de garder sur toi cette lame ?

– Oh oui, maître devin.

Le jeune homme retourne prendre le couteau avant de s'en aller en courant pour le palais royal.

Asqudum sort à son tour de la chambre. Il croise Yamama, son épouse, qui traverse la cour.

– Qui est ce jeune homme ?

– Mon nouvel assistant.

– Il semble bien jeune.

– Je sais. Mais il est débrouillard et intelligent.

– Cette maison rajeunit.

– Cela ne te plaît pas ?

Le visage de Yamama s'épanouit.

– Au contraire.

Des gamins jouent dans la ruelle. Les pieds nus, les mains sales, ils crient, se courent après, s'inventent des mondes parfaits où ils peuvent imiter les adultes.

Les vieux, assis par terre, observent cette vie, cette jeunesse, font semblant de s'offusquer. De leurs bouches édentées sortent des malédictions que les gamins renvoient d'un geste ou bien d'un rire.

C'est alors que tous s'arrêtent. Que le silence se fait. Que l'agitation retombe. L'un des gamins siffle et la cohorte s'éparpille dans différents lieux pour observer ce qui se passe.

Un groupe d'hommes et de femmes arrive. Il est conduit par cet étranger qui se prétend prophète et qui marche à grands pas. Les vieux osent à peine lever les yeux vers cette procession.

Les gamins se demandent ce que cela signifie.

L'un d'eux sort la tête de sa cachette. Il observe, curieux, le prédicateur. Et ce dernier l'aperçoit.

– Que fais-tu là, mon garçon ?

– Rien !

– Viens par ici !

Le gamin hésite. Il doit avoir à peine une dizaine d'années.

L'homme insiste d'un geste de la main.

Le gamin s'approche lentement. Le visage sale et la barbe en désordre de l'homme lui font presque peur.

– Qui es-tu ?

– Nakatum !

– Que fait ton père ?

– Mon père est mort !

– Tu es donc un orphelin ?

– Non ! Ma mère est encore là.

– Où habites-tu ?

Nakatum réfléchit à sa réponse.

– J'habite chez le devin royal Asqudum.

À ce nom, une rumeur monte du groupe des suiveurs. Le prophète pose sa main sur la tête de Nakatum.

– On te laisse sortir comme ça ?

– On me laisse faire ce que je veux.

L'homme s'adresse aux suiveurs.

– Livrés à eux-mêmes, les enfants quittent la voie que les dieux ont tracée pour eux.

Nakatum réplique sans hésiter :

– Notre chemin n'est pas tout tracé.

– Telle est pourtant la loi divine.

– C'est pas vrai ! On m'apprend que je peux agir comme je veux.

– C'est cela qu'on t'apprend chez le devin royal ?

Nakatum ne répond rien.

Le prophète ajoute en haussant la voix :

– Comment le devin royal peut-il mettre si peu de confiance dans la volonté des dieux alors qu'il est chargé d'interpréter leurs messages ?

La troupe approuve.

Nakatum sent confusément qu'il a été manipulé. Il regarde le prophète dans les yeux, puis crache par terre et s'enfuit en courant.

Rishiya a prévenu les duègnes du quartier des femmes. Toutes doivent être prêtes pour saluer la reine mère avant son départ pour Terqa.

La rumeur n'a pas menti. La disgrâce d'Addu-Dûri est maintenant une réalité. Personne parmi les jeunes filles et les concubines n'en connaît l'origine.

Shibtu est l'une des premières à se présenter dans la salle de réception. Elle s'entretient avec quelques-unes des femmes, quand la reine mère fait son entrée, accompagnée comme le veut l'usage par la première épouse.

Rishiya les suit, l'air préoccupé.

Addu-Dûri reçoit de chacune des souhaits de bon voyage, de bon séjour. Elle remercie.

Elle s'approche alors de Shibtu. La jeune princesse s'incline et lui baise les mains.

– Ma mère, porte-toi bien. Puissent les dieux t'accompagner.

– Merci ma fille.

Shibtu lève la tête.

La reine mère ajoute discrètement :

– Ma fille, j'ai le sentiment que tu as bien retenu ma leçon.

– Je ne comprends pas.

La reine mère esquisse un sourire.

– Je plains déjà la première épouse. Mais attention ! Le roi n'est pas si bête que ça.

Et elle se retourne, saluant une dernière fois l'assemblée avant de quitter pour toujours le quartier des femmes du palais de Mari.

Shibtu rejoint ensuite ses appartements, une étincelle de satisfaction dans les yeux.

Asqudum et Rabum attendent depuis quelques instants déjà devant l'autel du dieu Shamash. Rabum regarde une à une les ruelles qui se croisent ici, jusqu'à ce qu'il aperçoive le juge Dada et ses deux sbires arrivant à leur rencontre.

Le juge salue respectueusement le devin royal.

Ils remontent toute la rue, tournent à droite pour se retrouver dans la petite impasse.

– C'est ici, maître devin. Là se trouvait le corps de l'enfant et là-bas se trouvait le couteau de cérémonie.

Asqudum s'avance sous le regard inquisiteur du juge Dada. Le devin a beau être puissant, il n'en est pas moins le principal suspect.

Asqudum observe, mais rien ne lui saute aux yeux.

Rabum, à son tour, se met à chercher en détail un indice qui aurait échappé à la vigilance de tous ceux qui sont déjà venus inspecter les lieux.

Le devin royal demande au juge :

– Tes sbires ont-ils fouillé partout ?

– Pas une pierre, pas une brique n'a échappé à leur enquête.

– C'est ce qui me chagrine.

– Comment cela, maître devin ?

– Certaines traces demandent non pas une fouille complète et lourde, mais une analyse partielle et fine. Celui qui a commis ce crime a peut-être laissé un indice de la taille d'une graine de courge. Mais entre le passage de Gurrudu et celui de tes sbires, il y a peu de chances qu'on retrouve quoi que ce soit.

Le juge Dada lève la tête. Sa moue indique clairement qu'il doute des propos du devin.

– Pourtant, nous procédons souvent de la sorte, et les résultats ont toujours mis la justice royale sur le chemin de la vérité.

Asqudum, ironique, se demande comment la justice royale pourrait bien s'écarter du chemin de la vérité.

– Gurrudu a soulevé les briques pour trouver l'enfant.

– C'est bien ça.

– Mais une main dépassait.

– Oui !

– Il y avait donc une volonté de la faire découvrir.

– Sans doute.

– En fouillant, le lendemain, tes sbires ont trouvé le couteau.

– Oui ! Lui aussi était en partie caché.

– Il a certainement été placé là après la découverte de l'enfant.

– Pourquoi donc ?

– Nos adversaires sont intelligents. Ils veulent me faire accuser. Ils réfléchissent. Ils ont un couteau. Ils trouvent un enfant. Ils le tuent. S'ils avaient placé le couteau en même temps que l'enfant, il y aurait eu de grandes chances que quelqu'un le dérobe plutôt que de signaler sa présence. Il est d'une très grande valeur. Là, par contre, en revenant sur place après la découverte du crime, en cachant l'arme, ils sont sûrs que quelqu'un fouillera et la trouvera. C'est exactement ce qui s'est passé.

– C'est une possibilité. Mais pourquoi avoir coupé l'enfant en deux ?

– J'imagine que l'enfant a été étouffé plutôt que tué à l'aide du couteau. Ensuite, en le coupant en deux, ils sont certains qu'on pensera que le couteau est bien l'arme du crime. Enfin, mais ce n'est qu'une supposition, ils gardent avec eux une deuxième chance de me faire accuser si la première ne fonctionne pas ou si personne ne découvre la première moitié. Rien n'obligeait Gurrudu à se rendre dans cette impasse.

Le juge Dada semble impressionné.

– C'est bien raisonné.

– Reste à la démontrer. A-t-on des nouvelles des parents de l'enfant ?

– Toujours pas.

– S'il a été enlevé à ses parents, ne peut-on imaginer que ces derniers auront prévenu le responsable de quartier ?

– C'est probable.

– As-tu rendu visite aux voisins ?

– Bien sûr. Aucun n'a vu ou entendu quoi que ce soit.

Le devin royal analyse rapidement la situation. L'enquête du juge Dada, même s'il y met tous les moyens, s'annonce difficile. Il conclut :

– Il ne nous reste qu'à visiter tous les lieux publics afin de savoir si une rumeur court les rues à propos de cet enfant. Va prévenir Gurrudu qu'il se lance lui aussi dans cette recherche.

– Bien, maître devin.

– Où pouvons-nous nous retrouver ?

– Je ne sais pas. Peut-être à la taverne de Nanna. C'est un lieu fréquenté par les ouvriers des quais et par les artisans.

– Parfait.

Le juge Dada et ses deux sbires quittent l'impasse.

Asqudum observe une dernière fois, puis il demande à Rabum :

– Que penses-tu de tout cela ?

– Je pense qu'on doit en vouloir au devin royal pour tenter de te faire accuser du meurtre d'un enfant.

– Tu me crois innocent ? Qu'est-ce qui te fait dire ça ? Qui te dit que je n'ai pas tué l'enfant ?

Rabum s'étonne des propos de son maître :

– Pas le devin royal…

– Le cœur humain est tel qu'il est capable des pires forfaits. La fonction n'a rien à voir avec cela. Mais tu as raison de me croire innocent.

– Le juge pense-t-il la même chose ?

– Le juge doute. Mais son rôle consiste à rendre la justice. Qu'importe le coupable, pourvu qu'il ait quelqu'un à présenter.

– Que devons nous faire ?

– Nous devons prendre de vitesse mes ennemis. Au retour du roi, le juge Dada affirmera que je suis sans doute responsable de la mort de l'enfant. Et je n'aurai pas grand-chose à dire pour me défendre. J'ai la confiance du roi, mais jusqu'où ?

– Qui peut enlever un enfant et le tuer de la sorte ?

– N'importe qui à partir du moment où l'enjeu est important. Il faut retrouver la mère.

– La tâche semble difficile.

– Pas tant que cela. Une femme enceinte dont on ne voit pas l'enfant paraître éveille toujours un peu la curiosité. Elle peut prétendre qu'il est mort mais dans ce cas il y aura des témoins.

– Combien de naissances chaque semaine à Mari ?

– Je ne sais pas. Deux ou trois. Il faut le demander aux responsables des quartiers.

– Cela risque de prendre du temps et le temps nous manque.

– Tu as raison, mon garçon.

Le maître et le serviteur quittent à leur tour l'impasse. Après avoir pris à gauche, ils descendent une rue qui mène après quelques chicanes vers le port.

Soudain Rabum s'arrête et se retourne.

Asqudum s'inquiète.

– Que se passe-t-il ?

– J'ai vu quelque chose. Je crois que nous sommes suivis.

– Par qui ?

– Un homme, une ombre.

– Je n'en serais pas surpris. Vite ! À la taverne de Nanna.

Les deux hommes accélèrent le pas, tandis que Rabum met la main sur le couteau qu'il garde à l'intérieur de sa tunique.

Malik, contre le mur, scrute un instant la ruelle, puis grimpe silencieusement sur le toit d'une maison. D'où il est, il peut parfaitement voir la scène. Ils sont cinq. Le devin royal et un jeune homme qu'il n'a jamais vu avant. Le juge Dada accompagné de ses deux sbires.

Pendant un instant ils ne se disent rien. Ils se contentent de regarder dans l'impasse. Puis ils se mettent à discuter, mais il ne peut entendre.

Malik se doute qu'ils sont tous là pour l'enfant. Mais que cherchent-ils exactement ?

Ensuite ils se séparent. D'abord le juge et ses deux sbires qui remontent la ruelle, puis le devin et le jeune homme qui prennent la direction du port.

Malik saute agilement du toit et se met à les suivre.

D'un coup le jeune homme se retourne. Malik a juste le temps de se cacher. Quand il jette à nouveau un œil dans la ruelle, ils ne sont plus là.

Asqudum attend depuis de longues minutes. L'air absent, il s'est fait servir de la bière et du pain frotté d'oignons.

Nanna l'a fait asseoir à sa meilleure table et s'est empressée d'interdire à ses filles de venir le déranger.

Le devin royal doute. De lui, de son entourage, des fonctionnaires du palais, du roi même. On complote contre lui. Qu'a-t-il fait pour mériter cela ? Est-ce sa fonction ou son rôle au palais ? Est-ce son comportement, quelquefois cassant, qui lui vaut un tel déchaînement ? Parce qu'il en est sûr : tout cela est voulu, organisé, préparé. La mort d'Irdizzi n'est sans doute qu'un leurre. À moins qu'il ne s'agisse d'un avertissement.

C'est alors que le juge Dada entre dans la taverne et le rejoint à sa table.

– J'attends le retour de Gurrudu et des deux sbires. Ils doivent nous retrouver ici.

– Buvons ensemble en attendant.

Le juge commande la même bière que le devin royal et commence à boire en silence.

– Où se trouve ton jeune serviteur ?

– Rabum a préféré attendre sur le port. Il pense que nous sommes suivis.

– Suivis ?

– C'est ce qu'il croit.

Le juge finit sa bière, en commande une seconde, puis se lance dans des considérations générales sur l'affaire.

Asqudum parle peu, écoute distraitement les propos du juge.

En observant les allées et venues des prostituées dans l'établissement, une idée lui vient.

Il fait appeler Nanna.

– Que désire le devin royal ?

– N'as-tu pas parmi tes employées une femme qui aurait accouché voilà peu ?

Nanna semble hésiter.

– Qui aurait accouché ?

– Oui ! Ces derniers jours.

– Non, maître devin ! Aucune de mes filles n'a eu d'enfant. Pourquoi cette question ?

– Une idée. Une simple idée.

Le juge Dada a compris, mais Nanna hausse les épaules et se retire.

C'est alors que Gurrudu et les deux sbires entrent à leur tour. Asqudum interroge les trois hommes du regard.

Gurrudu explique :

– J'ai envoyé tous les gens disponibles que ce soit dans les marchés, dans les rues des artisans, ou dans les autres lieux de rassemblement. Personne n'a entendu parler d'un enfant disparu. Cependant... Il y a peut-être une piste. On a parlé d'une jeune femme à moitié folle qui erre dans la ville et qui serait tombée enceinte.

– Où se trouve-t-elle ?

– Personne ne le sait exactement. Elle apparaît de temps en temps.

– En quoi cela nous concerne-t-il ?

– On l'aurait aperçue il y a peu. Elle aurait accouché mais personne n'a vu l'enfant.

Le juge intervient :

– Il faut la retrouver. Il faut savoir si son enfant est encore vivant.

– Bien !

Gurrudu quitte la taverne.

Le devin précise au juge Dada :

– Dès que tu as des nouvelles, fais-moi prévenir. Qu'importe l'heure. Chez moi ou au palais.

Le juge acquiesce.

Asqudum sort à son tour. Rabum, qui a patienté allongé sur des sacs de laine qui attendent d'être chargés, se lève et vient à sa rencontre.

– J'ai vu Gurrudu entrer et sortir.

– Oui ! Il a peut-être trouvé quelque chose. Mais rien n'est certain.

– Les dieux nous seront peut-être favorables ?

– Évitons de nous en remettre aux dieux, pour une fois !

Sortant de l'ombre, Malik observe le devin s'éloigner, en compagnie du jeune homme. Il est resté bien longtemps chez Nanna. Qu'a-t-il pu y faire ?

Il attend quelques instants avant d'entrer dans la taverne.

Nanna le reconnaît aussitôt et son visage se fige.

Malik commande à boire. C'est alors qu'il aperçoit le juge Dada et les deux sbires, installés au fond de la salle, autour d'une jarre de bière.

Quand Nanna lui apporte sa boisson, Malik lui chuchote quelque chose à l'oreille. Nanna recule, hésite, puis fait un signe affirmatif de la tête.

Malik sourit. Il sait maintenant où et quoi chercher.

Il avale d'un trait son gobelet de bière d'orge. Il respire longuement, une sorte d'ivresse lui gagne l'âme. L'alcool n'y est pour rien. Seul le fait de savoir qu'il approche enfin du but provoque cette allégresse.

Il sort et prend le chemin de la demeure de Sâdan. Le potier doit l'attendre.

Il croise un groupe d'enfants qui courent après une jeune fille en haillons. Elle semble prendre un certain plaisir à cette course. Il l'entend rire, et il poursuit sa route.

Sâdan est sur le seuil de la porte, à guetter son retour. Ils s'embrassent. Le potier montre des signes d'inquiétude.

– Tu avais raison. On s'agite dans les quartiers. Rien n'est encore clair. Mais je sens qu'il se passe quelque chose.

– Je sais. Bientôt certains vont devoir se découvrir. C'est alors que nous pourrons agir. Que sais-tu du devin royal ?

– Asqudum ? Rien !

– Je me demande pourquoi il n'a pas accompagné le roi à la guerre. Personne n'a pu me renseigner là-dessus. Tout s'est décidé bien vite.

Ils sont maintenant dans la petite cour. L'apprenti du potier achève de sortir du four les dernières pièces parfaitement cuites.

Sâdan explique :

– J'ai fait porter dans ta chambre de l'eau claire et des vêtements. Tu en auras certainement besoin. Mon fils pourra venir te raser.

– Je te remercie. Ton aide m'est précieuse.

– C'est moi qui te dois encore beaucoup.

– Ne dis rien.

Le potier le prend une nouvelle fois dans ses bras avant qu'ils ne se séparent.

Malik pénètre dans sa chambre. Il se passe le visage à l'eau, se déshabille, ne garde qu'un morceau d'étoffe autour des hanches.

Peu après le fils de Sâdan entre, les outils de barbier à la main. Il n'a une quinzaine d'années.

– Mon père m'a dit de venir.

– Oui ! J'ai besoin de tes services.

Malik s'assoit sur le tabouret.

Le jeune homme commence à préparer ses instruments.

Malik avoue pendant ce temps :

– Je ne t'aurais pas reconnu. La dernière fois que je t'ai vu, tu devais avoir sept ou huit ans.

– Moi je me souviens parfaitement de toi. Et mon père parle souvent de son ami Malik.

Le jeune homme ne dit plus rien et se met à raser l'hôte de son père.

L'ambassadeur Iddinu patiente dans la grande cour du palais. L'audience avec Shû-Nuhra-Hâlu vient de s'achever.

Elenza, la servante de Shibtu, apparaît. Elle a revêtu une simple tunique qui la fait passer pour une simple servante du palais.

Elle lui fait signe de la suivre pour le conduire dans l'une des antichambres du quartier des femmes.

Personne, parmi ceux qu'ils croisent, ne semble faire attention à leur présence dans ces couloirs.

Devant la porte, Elenza frappe trois coups brefs. C'est le code qu'elle a mis au point avec la gardienne.

La porte s'ouvre et la gardienne fait entrer l'ambassadeur.

Elenza demeure à l'extérieur afin de prévenir tout danger.

Dans l'antichambre, Shibtu attend déjà.

L'ambassadeur semble inquiet.

– Nous prenons trop de risques.

– Je ne pouvais me permettre d'écrire tout ce que j'ai appris.

– Le roi n'hésitera pas à nous tuer pour trahison s'il découvre que je suis entré dans le quartier des femmes.

– Le roi est absent.

– Les espions sont nombreux. La gardienne pourrait parler. Ta suivante pourrait être interrogée.

– La gardienne ne dira rien. Je l'ai achetée en lui promettant d'entrer à mon service. Quant à ma suivante, elle préférera mourir que de parler.

– Que dit le roi ?

– Le roi ne parle pas beaucoup. Il ne vient que pour son plaisir.

– C'est ton rôle que de le faire parler.

– Je m'y emploie.

– Alors ?

– Il a de la sympathie pour le Yamkhad.

– Il en a pour l'une de ses princesses.

– Non ! Il me semble qu'il se méfie des Assyriens.

– En es-tu sûre ? Le palais comprend encore beaucoup d'hommes d'Ekallatum qui n'ont pas été remplacés.

– Je sais. Et les épouses assyriennes du roi me l'ont confirmé.

– Voilà qui est intéressant. Il me faut rencontrer les Assyriens pour distiller dans leurs cœurs un peu de ce poison qui les fera s'opposer ouvertement au roi. Je sais par ailleurs que le royaume d'Eshnunna est furieux de ce mariage. Il comptait bien faire épouser une de ses princesses à ta place et ainsi préparer une alliance avec Mari contre Babylone.

– Quel est notre intérêt ?

– Que personne ne fasse alliance, ni avec les royaumes de l'Est, ni avec Babylone. Cette nation m'inquiète. Des rapports indiquent que le roi Hammurabi a de grandes ambitions.

– Il y a ici des jeunes filles de Babylone.

– Il y en a dans toutes les cours royales. Qu'as-tu d'autre à m'apprendre ?

– La reine mère a quitté le palais.

– On dit qu'elle était furieuse. On dit également que tu es responsable.

Shibtu sourit.

– Je n'ai fait que parler avec le roi.

– Quoi d'autre ?

Shibtu fronce les sourcils.

– Il se prépare quelque chose. Des rumeurs sont arrivées jusqu'ici.

– Que disent-elles ?

– On en veut au roi.

– Comment le sais-tu ?

– Certaines servantes ont entendu aux cuisines parler d'un prophète qui s'agite en ville.

– Voilà qui est inquiétant. Ce n'est pas le moment de perdre un allié comme Zimri-Lim, après tous les efforts que nous avons faits. Je vais enquêter à ce sujet. Que dit-on d'Asqudum ici ?

– Asqudum ? Pourquoi ?

– Le devin royal aurait commis une faute.

– Je n'en ai pas entendu parler.

– Il faut interroger son ami Rishiya, le chef de musique.

– Il vient souvent nous voir.

– Raison de plus.

La princesse acquiesce.

– Je dois partir maintenant.

Ils se séparent sans rien ajouter. Shibtu regagne son appartement, sans remarquer la présence d'une jeune fille, cachée dans l'obscurité, qui a certainement vu entrer et sortir l'ambassadeur.

Elenza raccompagne Iddinu jusqu'à la grande cour du palais.

Au même instant Asqudum y pénètre et les deux hommes se croisent. Le devin royal est surpris de le rencontrer.

Après quelques salutations, ils partent chacun de leur côté, Asqudum se demandant ce que venait faire l'ambassadeur au palais en l'absence du roi. Il le saura bientôt.

Paruri vient d'achever le récit des exploits de Dagan. Sharraya et deux de ses compagnons novices se taisent, impressionnés par la façon qu'a eue Dagan de bâtir en une nuit la cité de Mari.

Sharraya s'enhardit à demander :

– Est-il vrai que le dieu parle aux hommes à travers des rêves et des présages ?

– C'est en effet la principale voie de communication entre lui et nous.

– Tout le monde peut-il recevoir et interpréter les paroles du dieu ?

– Il choisit parmi ses adorateurs celui qui en est le plus capable, celui qui a reçu la formation la plus complète.

Un autre novice ajoute :

– Le prophète qui est arrivé en ville, parle-t-il au nom de Dagan ?

Paruri s'attendait à cette question.

– C'est-à-dire…

Alors une voix s'impose derrière eux :

– Il n'y a pas à en douter.

Les trois novices se retournent et découvrent l'intendant Samarân qui vient d'entrer dans la salle d'étude.

Paruri, troublé, tente d'expliquer :

– Il est certain que ses paroles semblent inspirées par les dieux.

Samarân coupe le grand prêtre :

– C'est d'une telle évidence.

Les novices sentent bien qu'une lutte d'influence s'est engagée entre les deux hommes.

Paruri reprend la parole :

– Dagan a rarement annoncé autant de catastrophes.

– C'est que l'époque est plus sombre encore qu'on veut bien le croire. En vérité, jeunes novices, il vous faut être prêts à recevoir la parole de Dagan quel que soit celui qui l'annonce. Et notre grand prêtre vous y prépare à merveille.

– Je ne les prépare pas à croire le premier venu. Dagan nous inspire et nous demande d'écouter et de comprendre le monde.

– Dagan est en colère. Le prophète parle pour lui. Et le dieu pourrait assécher l'Euphrate ou pourrir les récoltes, comme il l'a déjà fait par le passé.

Paruri ordonne aux jeunes garçons de se lever et de retourner dans la cour.

Les novices sortent en silence.

Alors le visage de Paruri se transforme. Une sourde colère le gagne.

– Qui es-tu pour oser me contredire devant mes élèves ? Qui es-tu pour remettre en cause mon enseignement ? Je suis le grand prêtre de ce temple. Tu n'en es que l'intendant. Occupe-toi de gérer au mieux nos intérêts, je m'occupe de ma mission.

Loin de s'abaisser devant son supérieur, Samarân se renforce dans ses convictions. Il élève le ton :

– C'est justement parce que je suis l'intendant que je m'inquiète de notre avenir. Les temps changent. De grands bouleversements s'annoncent ! Tu ne peux laisser les novices dans l'ignorance ! Oui, le prophète parle au nom du dieu ! Oui, il est venu à Mari pour nous sauver de Zimri-Lim ! Si tu ne le vois pas, peut-être est-il temps pour toi de laisser ta place ?

C'est donc cela ! Samarân vise sa place ! Il a mis à nu ses pensées secrètes.

L'intendant ajoute :

– Tous ici sont allés écouter au moins une fois le prophète. Tous ici sont convaincus de ce que j'avance.

Le serpent a travaillé dans l'ombre. Il a empoisonné l'esprit des prêtres et des novices avec ses mots sournois. Paruri se doit de réagir.

Il demande :

– Où se trouve ce prophète ?

– Dans le quartier des artisans. Pourquoi ?

– Pour aller par moi-même me rendre compte de l'origine divine de ses propos.

Et d'un mouvement plein d'une fureur mal contenue, Paruri quitte la salle.

Asqudum entre seul dans la riche demeure d'Itur-Asdu. Rabum s'installe sur un petit muret pour attendre son maître.

Le gouverneur de Mari mène grand train et ses serviteurs qui s'activent dans la demeure sont nombreux.

Un intendant vient à la rencontre du devin.

– Je viens voir ton maître. Il m'attend.

L'intendant s'incline et va prévenir le gouverneur.

On fait entrer Asqudum dans une antichambre où il patiente quelques instants.

Puis un serviteur l'invite à pénétrer dans la salle de réception où Itur-Asdu est déjà présent.

Les deux hommes se saluent respectueusement. En dehors de leurs fonctions, ils n'ont jamais été très proches. Mais sans doute cela va-t-il changer.

Les deux hommes s'installent sur une petite banquette recouverte d'un tissu clair.

Des serviteurs entrent et posent sur une table basse des friandises et du vin.

– Du vin ? Le gouverneur de Mari me fait trop d'honneur.

– Rien n'est de trop pour le devin royal.

Passé ces politesses, les deux hommes se font servir une coupe de vin qu'Asqudum apprécie.

– Nous devons parler de la dot. Tel est le but de ma visite.

– Je m'en doute.

Le gouverneur de Mari frappe dans ses mains. Un homme, petit par la taille, entre, son matériel à la main. C'est le scribe personnel d'Itur-Asdu. Il s'installe à portée de voix des deux hommes.

Asqudum attrape une datte avant de parler.

– Deux servantes s'imposent.

– Deux ? Ma fille n'est pas une princesse de sang royal.

Asqudum comprend que le gouverneur va être un rude négociateur.

– On me dit qu'elle en a l'apparence. Mais nous y reviendrons. Pour le mobilier, mettons-nous d'accord sur deux lits, deux chaises et deux oreillers.

– Cela me convient.

– Pour les vêtements…

– Je sais que la production du devin royal est importante pour ce qui est du tissu. Ma fille devra en bénéficier. Je propose le minimum, tel que l'usage l'impose. Deux coiffes et ses vêtements. Rien de plus.

Asqudum acquiesce. Le petit scribe note tous les éléments au fur et à mesure que les deux hommes tombent d'accord.

– Deux mortiers.

– Oui.

– Deux écrasoirs. Un pour la farine, un pour la semoule.

– Oui.

– Deux vases remplis d'huile.

– Oui.

– Un ensemble de trois grandes et de trois petites cuillères.

– Oui.

Les deux hommes se font resservir en vin avant d'attaquer à nouveau le délicat problème de la deuxième servante.

– Ta fille n'est pas une princesse mais elle voudra sans doute avoir une part du prestige attaché à ce rang.

– Il ne faut pas habituer les enfants à trop de facilité.

– Dans ce cas, ajoute deux autres vases d'huile.

Itur-Asdu regarde le devin.

– Deux vases d'huile en plus ?

Asqudum attrape une autre datte.

Le gouverneur poursuit :

– Notre devin royal sait ce qu'il veut.

– Je veux ce qu'il y a de mieux pour nos enfants.

– Pour ton fils, veux-tu dire. Mais j'accepte.

Il fait un signe à son scribe. Celui-ci recopie la liste des biens de la dot.

Asqudum la parcourt quand elle lui est présentée.

– Nous sommes d'accord. Maintenant le destin de nos familles est lié.

Itur-Asdu confirme de la tête.

Asqudum se lève. Il embrasse le gouverneur et se fait raccompagner à la sortie de la demeure.

Rabum est là, assis sur son muret, s'amusant avec une brindille et une colonie de fourmis qui avancent, imperturbables, à côté de lui. Il saute en voyant son maître.

Le devin royal semble satisfait.

– Itur-Asdu est plus conciliant que je pensais.

Nakatum a terminé sa leçon. Hibram se prépare à partir quand il voit Kabi-Addu traverser la cour et venir à sa rencontre. Le vieil homme sourit, heureux de retrouver son ancien élève. Celui-ci, cependant, paraît plus tendu qu'à l'accoutumée.

– Bonsoir Kabi-Addu, c'est bien aimable de venir saluer un vieil homme.

– Bonsoir Hibram. Je suis heureux de te voir à nouveau dans cette maison. Puis-je te raccompagner ? J'aimerais t'entretenir en chemin.

– Bien volontiers.

Ils quittent la grande demeure d'Asqudum et se dirigent vers celle d'Hibram. Au fur et à mesure qu'ils s'en approchent, les rues deviennent de plus en plus encombrées. Les femmes font leurs derniers achats. Les tavernes se remplissent. Les étals sur la rue proposent des ragoûts ou des grillades pour le soir. Des enfants, qu'on a envoyés chercher de quoi compléter le dîner, courent entre les jambes des adultes ou les pattes des animaux. Des ouvriers du port regagnent leurs maisons. Des artisans marchent, heureux de rentrer chez eux après une journée de labeur. Des centaines de pas pressés qui soulèvent la poussière accumulée le long des rues. Des jours et des jours qu'il n'a pas plu.

Mais les deux hommes remarquent à peine l'agitation qui les entoure. Kabi-Addu explique avec fougue à son vieux maître pourquoi il ne veut pas entrer dans l'administration.

– Tu me comprends, n'est-ce pas ? Le service du roi ne m'intéresse pas.

– Le service du roi est une noble tâche, mon enfant.

Kabi-Addu s'emporte :

– Je ne dis pas le contraire ! C'est juste que je ne ressens pas de goût pour l'administration ou la diplomatie. La religion m'ennuie. Seules les vieilles femmes et les enfants peuvent croire ces sornettes. Les prêtres ne font que profiter de la faiblesse du peuple pour s'enrichir sur son dos.

– Tu exagères. Tous ne sont pas ainsi. Certains croient sincèrement que les dieux commandent la marche du monde. Beaucoup d'hommes sont heureux de leur aide face à un grand malheur. De toute façon, personne ne te destine aux temples. Ton père souhaite que tu deviennes fonctionnaire.

– Mais ça m'est égal. Ce que je veux, c'est étudier. Passer ma vie à apprendre. C'est la seule chose qui vaille la peine. Tu le sais bien.

– Je le sais. Aucune richesse, aucun bonheur ne peut remplacer le savoir. La richesse et le bonheur sont périssables, fugitifs. La connaissance demeure. J'ai traversé des moments de grande tristesse, de solitude. Mon épouse est morte, mes enfants ont quitté le foyer. Je suis un vieil homme dont les jours ici-bas sont comptés. Mais ma soif de comprendre le monde reste intacte. Jusqu'à mon dernier souffle, je veux étudier, réfléchir. C'est pour moi la seule façon d'être vivant.

– C'est aussi ce que je désire, Hibram. Mais mon père ne l'entend pas ainsi.

Kabi-Addu paraît hésiter un instant, avant d'ajouter, en suppliant presque :

– Et si tu lui parlais ? Il a beaucoup d'estime et d'affection pour toi. Il t'écoutera.

Hibram hoche la tête.

– Je le ferai. Je sens chez toi la ferveur que je ressentais à ton âge. Elle est précieuse. Ton père est têtu, mais je tâcherai de le convaincre.

Ils arrivent devant la demeure d'Hibram. Ils se saluent et se séparent. Kabi-Addu descend vers le port, espérant rencontrer des amis à la taverne de Nanna, et oublier pour un soir, dans l'alcool et les rires, ses inquiétudes et ses angoisses.

Les deux hommes marchent dans l'un des jardins du palais. Asqudum écoute ce que lui raconte Nasir-Annu, l'ambassadeur de Babylone, même si son esprit est quelque peu détaché de la conversation. Il lui a parlé de sa chasse malheureuse à l'autruche avant d'aborder des sujets plus sérieux.

– Notre intérêt est que ni le roi d'Eshnunna, ni celui d'Ekallatum ne parviennent à se montrer plus forts que nous.

– Comment ?

– Je dis que nous devons faire preuve d'autorité.

– Oui.

– Comment vois-tu l'avenir ?

– J'interrogerai les dieux à ce sujet.

– Sans doute, mais que dit le diplomate de Zimri-Lim ?

Asqudum sait que la volonté d'Hammurabi, roi de Babylone, est de créer une alliance ouvertement hostile aux Assyriens. Mari est bien mal entourée.

Il cherche à gagner du temps. Car le moment n'est pas encore venu d'offrir à Babylone une alliance. Celle avec le Yamkhad suffit pour l'instant.

– Zimri-Lim est à la guerre. Laissons-lui le temps de vaincre et demandons-lui.

– Le devin royal peut quand même avoir une certaine influence sur le roi.

– J'en suis de moins en moins certain.

– Que se passe-t-il ?
– Rien d'important. Des soucis personnels.
– J'en suis désolé.

Asqudum raccompagne l'ambassadeur jusqu'à l'entrée du palais où ils se saluent.

Nasir-Annu ajoute, en guise d'avertissement :
– Une chose quand même.
– Oui ?
– Méfiez-vous du Yamkhad.
– Pourquoi ?
– On m'a dit, ou j'ai cru entendre, que leurs intérêts ne sont pas ceux de Mari.
– Nous venons de nous marier avec une de leurs princesses.
– Cela n'est pas une preuve.

Et l'ambassadeur quitte le palais pour rejoindre la vaste demeure qui lui sert de résidence. Il pourra écrire à son roi que les relations entre Mari et Babylone s'améliorent grandement.

Asqudum doute un instant des propos de l'ambassadeur de Babylone. Mais la présence au palais du représentant du Yamkhad, plus tôt dans la journée, impose qu'il effectue la vérification qu'il s'est promis de faire.

Une nouvelle fois le palais frémit d'intrigues et de secrets. Un éternel recommencement.

CHAPITRE 7

Dur est une petite place forte, entourée d'une haute levée de terre sur laquelle a été aménagé un chemin de ronde. Seuls les murs qui soutiennent la lourde porte en bois ont été bâtis en pierre. Construite sur une hauteur, elle offre une position sûre contre les tribus et permet d'observer le désert en direction de l'ouest et du nord. De forme allongée, elle n'accueille que quatre bâtiments construits en briques crues. Le premier est réservé au commandant. Le deuxième sert de dépôt. Et les deux derniers donnent aux soldats un casernement bien sommaire. Ils préfèrent le plus souvent dormir à la belle étoile, contre les remparts.

On a monté une tente pour le roi et ses généraux dès qu'on a appris leur arrivée. Amir, le commandant de la forteresse, est fébrile. Ce petit homme à l'air affable sait qu'une partie de sa carrière dépend de la satisfaction de son souverain. Un poste dans l'une des villes du royaume serait préférable à celui de cette citadelle perdue au milieu de nulle part.

Zimri-Lim entre à la tête d'une partie de sa garde après deux journées de marche. Il a forcé l'allure et n'a accordé qu'une demi-nuit de sommeil à ses troupes.

Amir les accueille et leur offre des rafraîchissements. Il fait un discours de bienvenue, puis expose rapidement la situation. Zimri-Lim le remercie et se retire avec ses généraux sous la tente.

Le reste des soldats a reçu l'ordre de dresser un campement à l'extérieur de la forteresse puis de se reposer jusqu'au lendemain. Ils ont regroupé les chariots et les ânes de bât, puis se sont installés pour boire et dormir.

Zimri-Lim se repose lui aussi, quand on annonce le retour de deux des espions qui suivent régulièrement les tribus.

Zimri-Lim les convoque immédiatement pour écouter leur rapport. Ils expliquent que les Bédouins se sont regroupés pour former une bande grosse de quatre cents ou cinq cents hommes. Ils campent à une journée de marche à l'ouest de la forteresse dans une région légèrement escarpée. D'autres espions sont demeurés dans le désert à surveiller les Bédouins.

Zimri-Lim interroge ses généraux. Napsi est favorable à une attaque rapide, Burqan est plus prudent.

Le roi décide de consulter les dieux. On fait appeler Gulli, le devin de l'expédition, qui s'était assoupi. Il arrive en hâte, mal réveillé, invoque le dieu Shamash et, après le sacrifice rituel, affirme que l'action peut être menée dès le lendemain.

Napsi, ravi, trouve le devin fort compétent.

La vieille femme est assise à l'entrée de sa maison. Occupée à filer de la laine, elle ne remarque pas Gurrudu qui s'approche avec sa démarche un peu lourde.

– Est-ce ici qu'habite Esha ?

Elle sursaute.

– Esha ? Qu'est-ce que tu lui veux ?

– Tu ne réponds pas à la question que j'ai posée. Mais j'en conclus que tu la connais.

– C'est possible. Qu'a-t-elle fait encore ?

– Rien pour le moment. La justice veut l'interroger à propos d'une affaire.

– La justice ? Que peut bien vouloir la justice à Esha ?

– Est-ce ta fille ?

– Non ! Mais c'est tout comme. Ses parents sont morts et c'est moi qui l'ai élevée.

– A-t-elle eu un enfant ?

– Un enfant ? Elle n'a pas d'époux !

– Des témoins affirment l'avoir vue enceinte.

– Des témoins ? Personne, jamais, ne s'est intéressé à elle. Je voudrais bien les voir, ces témoins.

– Et, il y a peu, on l'a aperçue alors qu'elle se promenait…

– Elle a le droit de le faire !

– Sauf qu'elle n'était plus enceinte.

– Et alors ?

– Où est l'enfant ?

– Il n'y a plus d'enfant.

– Il y en avait donc un ?

La vieille femme se trouble. Elle pose sa laine à terre et tente de se rattraper :

– Je veux dire qu'il n'y a pas d'enfant !

Gurrudu insiste :

– Je sens que tu mens. Je vais demander au juge Dada de t'interroger là-dessus. Il a des méthodes plus efficaces que les miennes.

La vieille femme baisse les yeux.

– Si je te dis que l'enfant est mort ?

– Montre-moi sa tombe.

– Si je te dis qu'on ne sait plus où est la tombe ?

– Il faudra le dire au juge.

– Après tout, ce n'est pas un mal.

– Comment ça ?

– Deux hommes sont venus.

– Quand ça ?

– Il y a quatre jours de cela. Ils savaient qu'Esha avait eu un enfant. La petite n'a plus toute sa tête. Elle n'a pas bien compris ce que c'est qu'être mère. Ils ont proposé des étoffes et de l'huile en échange du bébé.

– Que voulait-il en faire ?

– Ils voulaient l'élever pour en faire un prêtre.

– C'était un garçon ?

– Oui !

– Qu'avez-vous fait ?

– Nous avons dit oui !

– Vous avez vendu l'enfant ?

La vieille femme demeure imperturbable.

– C'est ce qu'il y avait de mieux. Je ne suis plus toute jeune. Bientôt je partirai. Qu'aurait fait Esha avec lui ? Elle est déjà incapable de s'occuper d'elle-même.

– Comment étaient ces hommes ?

– Normaux. Rien ne les distinguait des autres hommes.

– Qu'ont-ils fait ensuite ?

– Ils sont revenus le soir avec les étoffes et l'huile. Et ils sont partis avec l'enfant.

– Où se trouve Esha, maintenant ?

– Je ne sais pas.

– Quand rentrera-t-elle ?

– Je ne sais pas.

– Tu ne sais pas grand-chose.

– Je t'ai pourtant tout raconté.

Gurrudu est satisfait. Il a trouvé des témoins qui l'ont conduit jusqu'à Esha. Il a face à lui la mère adoptive de la fille. Reste à retrouver l'enfant et voir s'il est mort ou vif. Mais ce n'est plus de son ressort.

Il ordonne :

– Demain, prends-la avec toi et présente-toi au juge Dada.

– Je croyais que je n'allais pas le voir !

– C'est juste pour notifier votre témoignage.

– Il ne nous arrivera rien ?

– Non !

– Pourquoi me poses-tu toutes ces questions ? Est-il arrivé quelque chose à l'enfant ?

– Non ! Rien de grave. À demain chez le juge. Et n'y manque pas !

Gurrudu quitte la ruelle. Assez fier de lui, il marche d'un pas presque léger. Il se dit qu'il mérite bien une récompense. La taverne de Nanna est tout indiquée pour cela.

Rabum arrive en courant. Asqudum est occupé à vérifier la comptabilité avec Pabahum, l'intendant de ses terres.

Le jeune homme, tout essoufflé, lance sans attendre :

– Maître ! Je l'ai trouvé.

Asqudum demande à son intendant de le laisser et de revenir le lendemain. L'homme s'exécute.

Le devin s'approche de son assistant.

– Je t'écoute.

– Comme tu l'as dit, il y a bien un artisan du bois du nom de Karshan.

– Il ne se cache pas ?

– Non ! Sa boutique est ouverte et il travaille.

– Parfait ! Allons-y.

Ils quittent la demeure et traversent la ville. C'est l'heure où les ruelles sont pleines d'une foule criarde en quête d'achats, d'échanges ou de rencontres. Dans moins d'une heure, quand Shamash sera à son zénith, chacun retournera chez lui pour se reposer et la ville deviendra presque aussi calme qu'au milieu de la nuit.

Après quelques détours ils parviennent à destination.

Les artisans du bois sont regroupés contre la première enceinte, au nord de la ville. Une rue assez large a été tracée en direction du port afin de faciliter l'arrivée des billes de bois. La région de Mari est assez pauvre en forêts et en bosquets ; il faut souvent importer cette matière première indispensable.

Plusieurs ateliers se succèdent, au fond desquels des planches et des poutres sont alignées.

On entend les bruits sourds des herminettes et des scies, et le va-et-vient bruyant des acheteurs et des marchands.

Rabum désigne un homme qui donne des ordres à un autre.

– C'est lui !

– Où demeure-t-il ?

– Juste au-dessus de son commerce.

– Allons le voir. Et n'oublie pas ce que je t'ai dit.

Rabum pénètre le premier dans l'atelier. L'odeur caractéristique du bois scié lui emplit les narines.

Il se dirige vers l'artisan.

– Maître ébéniste ?

– Que veux-tu ?

– Une commande…

Asqudum entre à son tour.

L'artisan ne réagit pas à la vue du devin.

Rabum annonce que son maître ici présent veut refaire les portes de sa demeure.

– Le travail ne manque pas.

Asqudum intervient :

– Je serai très généreux.

– Dans ce cas… Quand puis-je venir prendre les mesures ?

– Dès qu'il te sera possible de le faire.

– Où se trouve ta demeure ?

– Non loin du palais. Tu demanderas la demeure d'Asqudum, le devin royal.

À ces mots, l'artisan se trouble.

– Tu es le devin du roi ?
– C'est moi en effet !
Karshan tente de s'excuser :
– Mille pardons, maître devin… Je ne t'avais pas reconnu.
Asqudum ironise :
– Tu me distingues mieux à la nuit tombée…
– C'est que j'ai tellement à faire que je n'accorde pas d'attention à mes visiteurs…
– Je comprends.
– Je sais que peut-être je t'ai fait du tort…
– Du tort ? Pourquoi cela ?
– Par mon témoignage…
– Tu n'as fait que ton devoir. J'étais bien dans la ruelle le soir où tu as dit m'avoir vu. Je n'ai rien à te reprocher là-dessus. J'ai juste besoin de nouvelles portes.
– Je vais faire mon possible.
– Je n'en doute pas. Passe dès que tu le pourras.
– Bien, maître devin.
Les deux hommes se saluent. Karshan semble toujours aussi embarrassé, tandis qu'Asqudum sourit.
Le devin et son serviteur quittent alors l'atelier.
Rabum constate :
– Il est bien étrange.
– Il ment. Il ne m'a pas vu. On lui a demandé de le raconter.
– Comment le prouver ?

– Ce sera difficile. Mais il y a peut-être quelque chose à faire. Viens avec moi.

Malik marche à la suite de la cohorte qui accompagne le prophète. Depuis le matin ils ont parcouru de nombreuses ruelles, se sont arrêtés sur de nombreuses places, ont rencontré des dizaines d'habitants de la ville. Partout il entend parler de menace, de vengeance divine, d'incompétence.

Arrivé sur une place où se trouve un puits, il quitte la troupe. Il en sait suffisamment sur ce prophète. Mais ses autres découvertes l'inquiètent davantage : il faut parer au plus pressé. Il prend le chemin du palais. Il est attendu.

Il en fait le tour et se poste devant une porte secondaire qui dessert le secteur des cuisines. Il patiente de longues minutes avant qu'un serviteur n'en sorte. Il en a profité pour rédiger sur un morceau d'argile un court texte.

Le serviteur prend le message. Malik lui ordonne d'agir au plus vite. Le serviteur acquiesce avant de rentrer.

Malik quitte à son tour les lieux.

– Pourvu qu'il ne soit pas trop tard !

Asqudum avance, un petit sourire aux lèvres. Perdu dans ses pensées, il évite de justesse un homme qui court en sens inverse. Puis il se retourne et interroge son jeune serviteur :

– As-tu remarqué la niche ?

– Quelle niche ?

– Celle qui est dans le mur gauche de l'atelier.

– En effet, il y avait bien une niche avec une statuette. Sans doute celle d'un dieu de la cité.

– Lequel ?

– Je ne sais pas.

– Il faudra que tu apprennes tout ce qui concerne la religion si tu veux rester à mon service. Cela fait partie des attributions de l'assistant d'un devin royal.

Rabum fait un signe de la tête.

– Et de quel dieu s'agit-il ?

– De Dagan.

Asqudum accélère le pas.

– Où allons-nous si vite ?

– Sur l'esplanade des temples. C'est là que je compte faire une vérification. Entre Paruri, son grand prêtre que je croise souvent ces derniers temps, et sa statue chez Karshan, je trouve Dagan bien trop présent dans cette affaire.

– Dagan est une divinité importante. C'est peut-être un simple hasard.

– Peut-être. Mais il vaut mieux s'en assurer.

Parvenus sur l'esplanade des temples où quelques femmes discutent, ils ne se dirigent pas, comme Rabum s'y attendait, vers le temple de Dagan, mais vers celui d'Addad.

Ils pénètrent dans la cour du sanctuaire du dieu de l'Orage. Un serviteur est occupé à balayer. Asqudum lui demande d'aller chercher Inib-Shina, sa belle-sœur, la grande prêtresse du dieu.

Quelques minutes plus tard, le serviteur reparaît, suivi d'Inib-Shina, surprise de voir Asqudum.

– Je ne te savais pas aussi dévot, mon frère.

– J'ai besoin de te parler.

– Viens avec moi.

Elle le guide dans une salle tandis que Rabum demeure dans la cour.

Il va s'asseoir sur une volée de marches qui mènent à une salle fermée par une lourde porte. Sans doute les réserves du temple.

Il attend. Le serviteur a repris son balai. Des officiants, des fidèles entrent et sortent du temple. D'un bâtiment voisin parviennent les chants des prêtres qui procèdent à quelque cérémonie. Étrange chose, se dit-il, que ce temps passé par les hommes à invoquer, révérer les dieux du ciel. Rabum se demande un instant s'il est possible de vivre sans leur présence.

Puis son maître revient. Il met fin à ses supputations, saute des marches, et tous deux quittent le temple sous le regard inquiet d'Inib-Shina.

Asqudum ne dit rien. Son regard reflète le trouble qui s'est emparé de ses pensées.

Ils font quelques pas avant que Rabum, d'une voix hésitante, ose demander :

– Que t'a-t-elle appris ?

– Rien de précis encore, mais elle aussi est intriguée.

– Par quoi ?

– Par certains faits, par certains comportements, par la découverte du couteau de cérémonie, par les menaces qui pèsent sur moi, sur la ville, et sur le roi.

– Sur le roi ?

– C'est la conclusion à laquelle nous sommes arrivés. Mais peut-être est-ce une erreur. Nous devons vérifier.

Asqudum s'est arrêté au milieu de l'esplanade. Le groupe de femmes est encore là, à converser, comme si elles étaient au marché.

– Et maintenant ?

Le devin royal se tourne vers son jeune assistant. Son air sombre se transforme. Un rictus lui gagne le visage. Quelque chose de sournois ou presque.

– Allons voir Paruri.

Ils gagnent la cour du temple de Dagan, plus imposant que celui d'Addad ; la notoriété du dieu de l'Euphrate y est pour beaucoup et les fidèles sont traditionnellement plus généreux.

Asqudum sait où trouver Paruri à cette

heure du jour. Cette fois il permet à Rabum de l'accompagner.

Le grand prêtre se tient dans une petite pièce, assis sur une banquette recouverte d'une natte, et il s'étonne quand il aperçoit le devin royal. Il a juste le temps de cacher une tablette qu'il lisait dans la manche de sa tunique. Rabum et son maître s'aperçoivent de ce geste.

Asqudum se montre affable.

– Comment se portent le temple et son grand prêtre ?

– Assez bien ! Merci de ton attention. Que me vaut l'honneur d'une telle visite ?

– J'ai besoin d'un conseil.

– Je suis à ton écoute.

– C'est délicat ! Sans doute la sagesse de Dagan et celle de son grand prêtre me seront utiles.

– La sagesse du devin royal est bien supérieure à la mienne.

– Je ne sais pas. Voilà donc. Que penses-tu d'un adepte de Dagan qui porterait un faux témoignage ?

Le grand prêtre paraît hésiter.

– Il serait doublement coupable. D'abord contre la justice du roi, et ensuite contre Dagan lui-même. Qui est cet adepte ?

– Je préfère ne rien dire pour le moment avant de vérifier sa motivation exacte. Mais je ne voudrais pas que le temple soit mêlé à des affaires qui pourraient nuire à sa renommée.

– Je te remercie de ton obligeance. Moi non plus, je n'aimerais pas qu'un tel fait arrive. Donne-moi plus de détails et je m'en occupe.

– Dès que j'en saurais plus, tu seras le premier informé. Avant même le roi.

Le grand prêtre sourit. On le sent mal à l'aise. Asqudum l'a visiblement troublé.

– Une cérémonie va commencer… Il me faut me préparer. Reviens m'en parler dès que possible.

– Je n'y manquerai pas. Je te laisse donc car Dagan doit s'impatienter.

Asqudum salue respectueusement le grand prêtre et quitte la petite pièce, suivi par Rabum.

Le devin royal semble satisfait.

– De deux choses l'une, soit il n'a rien à se reprocher, et dans ce cas il va enquêter de son côté. Soit il est responsable, et je compte bien qu'il commette une faute.

Itur-Asdu, le gouverneur de Mari, s'éloigne de la ville. Accompagné de son secrétaire, il se rend sur le canal pour une tournée d'inspection.

– Où sont nos soldats ?

Le secrétaire, qui suit avec difficulté son maître, explique en soufflant :

– Deux compagnies sont sorties ce matin pour des manœuvres. Elles resteront dans les plaines du Nord durant trois jours et les capitaines ont prévu des mouvements d'attaque et de contre-attaque.

– Parfait !

Ils gagnent le chemin de halage qui longe le canal.

Enfin ils arrivent à l'endroit des travaux.

On a dévié une grande partie de l'eau grâce à un système de vannes. Une cinquantaine d'ouvriers s'activent sous les ordres des fonctionnaires responsables de la maintenance. Ils en raclent le fond boueux, remontent la terre humide sur les côtés, renforcent les talus protecteurs. C'est un travail long et pénible.

Les fonctionnaires s'approchent du gouverneur pour lui expliquer l'état d'avancement des travaux. Ce qu'il entend lui semble satisfaisant.

Il demande :

– Comment les ouvriers ont-ils réagi à l'annonce du surcroît de travail ?

– Mal ! Leurs journées sont longues.

– C'est un ordre du roi.

– Ils le savent, mais ça ne les réjouit pas pour autant.

Itur-Asdu n'ajoute rien. Il s'éloigne, marche un instant en observant les travaux, puis il fait un signe à son secrétaire.

– Il est temps de rentrer.

Les ouvriers les regardent s'éloigner. Certains d'entre eux crachent en signe de mépris.

Sâdan regarde autour de lui. L'agitation du matin s'est en partie calmée. Il appelle son apprenti pour lui donner l'ordre de préparer la mule et la charrette. Une importante quantité de pots et de bols a été commandée par l'ambassadeur d'Eshnunna. Il faut maintenant les livrer et se faire payer. Quelques clients et quelques artisans passent dans la rue. Sâdan salue certains d'entre eux.

Le potier retourne dans la cour contrôler les opérations. La charrette est prête et le jeune apprenti a posé dessus deux nattes épaisses pour amortir les chocs.

Sâdan appelle son fils. Celui-ci apparaît à la fenêtre de la maison, l'air renfrogné d'avoir été dérangé.

– Viens par ici. Nous allons charger la commande de l'ambassadeur.

– Oui, père !

Le jeune homme saute par la fenêtre et s'approche de l'atelier. Le père, le fils et l'apprenti transportent délicatement une dizaine de pots et une vingtaine de bols de l'atelier à la charrette.

Sâdan vérifie la stabilité du chargement, attrape la mule par la bride, tire dessus afin de mettre en mouvement la charrette. Il sort de la cour, suivi par son apprenti, et prend la direction du quartier des résidences.

Sur le chemin, Sâdan apostrophe des confrères artisans. Sans savoir pourquoi, il sent comme de la méfiance. Normalement la plupart d'entre eux seraient sortis de leur échoppe pour l'entretenir des dernières nouvelles du quartier. Là, au contraire, plusieurs se sont contentés d'un signe de la main. Seul son ami Iram fait l'effort de venir lui parler.

Iram, qui a d'habitude un air joyeux, présente un visage austère.

– Comment vont les affaires ?

– Je livre et je travaille. Je ne me plains pas.

– Ce n'est pas comme nous.

– Que se passe-t-il ?

– Tu ne sais pas qu'un prophète annonce des malheurs ?

– Je ne te croyais pas aussi superstitieux.

– Il a semé le trouble et certains d'entre nous ont été sensibles à ses arguments. J'ai entendu beaucoup de récriminations vis-à-vis du palais royal ces derniers jours.

– Moi aussi, mais c'est dans les habitudes de nos compagnons artisans.

– Je ne sais pas. Je crois que c'est un peu différent.

– Tu m'inquiètes.

– On est venu me parler.

– Qui ça ?

– Un de mes amis. Il pense qu'il est grand temps de passer à l'action.

– Passer à l'action ? Qu'est-ce que cela veut dire ?

– Le roi doit nous entendre. C'est ce que dit mon ami. Mais je ne suis pas d'accord avec lui.

– Moi non plus.

Iram profite de l'arrivée d'un client pour rompre la conversation.

– Je dois te laisser.

Ils s'embrassent et Sâdan reprend son chemin.

Le jeune apprenti, qui a tout entendu, demande :

– Est-il vrai que nous n'avons pas un bon roi ?

– Qui te dit ça ?

– Mon père et ses amis.

– Tu sais, j'ai toujours pensé que les peuples avaient les rois qu'ils méritaient.

Sâdan n'en dit pas plus. Il faut parler à Malik au plus vite. Il fait accélérer le pas de sa mule.

Arrivé devant la demeure de l'ambassadeur d'Eshununna, Sâdan appelle les serviteurs pour qu'ils déchargent la livraison, puis il se met en quête de l'intendant ou de l'ambassadeur lui-même.

Il voit paraître un homme grand, sec, voûté, qu'il estime, à la vue de ses vêtements, être le maître de la maison.

L'ambassadeur semble sur ses gardes.

– Qui es-tu ?

– Un modeste artisan, seigneur ambassadeur. Je t'apporte la livraison de bols et de pots, comme convenu avec ton intendant.

Meni-El paraît rassuré.

– Parfait ! Je l'appelle pour qu'il te paye ton travail.

Meni-El quitte la cour. Un homme d'âge moyen y pénètre, que Sâdan reconnaît.

– Bonjour potier.

– Bonjour intendant.

– Tu as tout livré ?

– Oui, et toutes les pièces sont parfaites.

L'intendant contrôle la marchandise. Il semble satisfait.

– Viens avec moi.

Les deux hommes entrent dans une salle assez sombre. L'intendant attrape une boule de terre, l'aplatit, en fait une tablette sur laquelle il inscrit la nature de la livraison et la somme à payer. Il déroule son sceau et présente la tablette à Sâdan qui fait de même.

– Tout est en ordre !

Les deux hommes sortent et se dirigent vers une autre salle, plus grande, qui sert de réserve. L'intendant fait prélever l'équivalent de deux sacs de grain qu'il fait porter à la charrette maintenant vide du potier.

Sâdan remercie, souhaite une bonne journée à l'intendant, reprend le chemin du quartier des artisans, avec son jeune apprenti qui le suit toujours.

– Où allons-nous maintenant ?

– Moi je rentre à l'atelier. Toi, tu vas chercher Malik. Trouve-le ! Je dois lui parler de toute urgence.

Deux sbires veillent à l'entrée de la cour. Le juge Dada est assis sur un long banc. À côté de lui se trouvent deux scribes, le stylet de roseau à la main, prêts à noter ce qui va se dire.

Dans la cour, debout, une vingtaine de personnes attendent. Victimes, témoins, accusés.

Trois affaires vont être jugées aujourd'hui au nom du roi. La première est simple. Un vol commis dans un entrepôt par un certain Sammêtar. Le coupable a été reconnu par deux témoins. Il se tient, la tête basse, le corps immobile, en attendant la décision du juge. L'enquête n'a duré que quelques heures et l'accusé a reconnu les faits.

Le juge appelle les deux témoins, qui confirment ce qu'ils ont déjà dit, et il condamne l'accusé à réparer par son travail durant cent vingt jours la faute commise. L'un des scribes note la sentence.

La deuxième affaire est plus complexe. Il s'agit d'une captation d'héritage. Un jeune homme s'est vu dépouiller de son bien par un oncle à la mort de ses parents. Il a fallu retrouver des témoins de la filiation du jeune homme. L'oncle a manœuvré pour tenter de convaincre la justice que la terre qu'il travaille depuis de longues années lui a été donnée par sa sœur, la mère du jeune homme, en échange d'une rente octroyée à ce dernier. On a enquêté et le juge a constaté que le jeune homme vivait dans le plus total dénuement et qu'il n'avait trouvé qu'un travail d'aide chez un artisan.

Le juge Dada condamne l'oncle à rendre la terre. Celui-ci, fou furieux, se répand en imprécations contre la justice royale. L'un des sbires vient lui donner une série de coups de bâton pour injure.

Au moment où la troisième affaire va être jugée, une simple querelle de voisinage, le juge Dada voit apparaître Gurrudu à l'entrée du tribunal.

Le juge ordonne d'une courte interruption et entraîne le chef de quartier à part.

Gurrudu raconte en détail sa découverte. La vieille femme, sa fille adoptive, l'enfant. Il met en valeur sa perspicacité. L'affaire va peut-être se résoudre.

Satisfait, le juge Dada se montre d'une clémence particulière pour la dernière affaire.

Nakatum s'applique. Hibram lui fait répéter ses exercices d'écriture. L'enfant trace les petits signes qui magiquement forment des sons et des mots.

Ils sont tous les deux assis sur une natte posée dans un coin de la cour de la demeure d'Asqudum. Ils ont préféré travailler à l'air plutôt que dans l'austère salle d'étude.

Le vieux maître vérifie l'exercice, lui donne quelques conseils, efface de son pouce les lignes de l'enfant et lui propose un autre exercice plus difficile. L'enfant s'applique à nouveau jusqu'à ce qu'on entende les voix des femmes se répandre dans la cour.

La journée à l'atelier de tissage est finie. Les ouvrières sortent en bavardant. La plupart d'entre elles vont regagner leurs demeures en ville, certaines vont quitter Mari pour rejoindre le village où se trouve leur famille. Le lendemain, il leur faudra revenir pour travailler et gagner de quoi compléter les revenus de leurs époux.

Yakun-Bâli et Yamama sont restées dans l'atelier. Elles évaluent la quantité de laine utilisée, la reportent sur un bordereau comptable. Les stocks sont encore suffisants pour les deux semaines à venir, mais elles devront s'approvisionner prochainement. Elles vérifient ensuite la qualité des étoffes produites, qui leur semble satisfaisante.

Yakun-Bâli effectue l'essentiel de cette tâche. L'épouse d'Asqudum a constaté que la jeune femme prenait à cœur son rôle de chef d'équipe, et elle a décidé, après deux jours d'observation, de lui faire entièrement confiance.

Elles gagnent à leur tour la cour où Nakatum a maintenant achevé son nouvel exercice et attend anxieusement les corrections d'Hibram. Celui-ci hoche la tête avec bienveillance et félicite l'enfant :

– La leçon est terminée pour aujourd'hui, mon garçon. Je suis content de toi. Si tu continues à t'appliquer, nous pourrons bientôt t'apprendre à rédiger un petit texte.

– Vraiment, maître ? Plus seulement des listes ?

– Elles t'ennuient, n'est-ce pas ? Mais sois patient. Elles sont nécessaires. Quand tu auras mémorisé tous les noms de bois, de métaux, de pierre, nous aborderons des choses plus amusantes. Les dieux, par exemple, dont je te raconterai les exploits. Nous étudierons l'astronomie…

– Je regardais souvent les étoiles avec mon père. Je sais reconnaître celle d'Ishtar !

– C'est la plus brillante, on la distingue facilement. Nous apprendrons leur langage, comment interpréter leurs mouvements, quels messages les dieux nous envoient ainsi.

Hibram se lève en s'appuyant sur un bâton. Depuis plusieurs jours des douleurs se sont emparées de son corps. Il fait quelques pas à la rencontre de Yamama et de Yakun-Bâli. Il salue respectueusement la maîtresse de maison et complimente Yakun-Bâli pour les efforts de son fils. Le jeune garçon, qui s'est approché, rougit de plaisir, puis rejoint en courant son frère et sa sœur auxquels le goûter de galettes de miel a déjà été servi.

Hibram prend congé. Les deux femmes demeurent quelques instants à regarder les enfants. Sans même s'en apercevoir Yakun-Bâli soupire. Yamama pose doucement sa main sur son épaule.

– Tu penses à lui, n'est-ce pas ?

– Je ne peux m'en empêcher. Je vois les enfants et je sais qu'un avenir meilleur les attend parce que leur père est mort. C'est terrible. Je me sens horriblement coupable de me réjouir pour eux. C'est comme si je le trahissais.

– Je crois comprendre ce que tu éprouves. Je serais perdue s'il m'arrivait la même chose. Ma vie serait vide.

– Oui ! J'ai aussi l'impression de contempler un vide immense.

Simah et Nasir-Annu entrent en même temps dans l'auberge de Nanna. La tenancière les salue avec empressement. Elle sait que les deux hommes ne vont pas regarder à la dépense.

Un coin de la taverne est réservé aux clients importants. Elle les y conduit, les installe sur des nattes et des cousins.

Ils commandent chacun un pichet de bière noire, à manger, et des filles pour leur tenir compagnie.

Simah est un habitué de l'auberge. L'ambassadeur d'Ekallatum y vient régulièrement. Si Nasir-Annu a accepté de l'accompagner, alors qu'il préfère les lieux moins populaires, c'est qu'il veut l'entretenir d'un sujet sérieux. Mais Simah semble plus intéressé par la fille assise à ses côtés que par la politique.

Lui-même est accompagné d'une jeune beauté qui s'appelle Nusaba.

– Tu viens d'Ekallatum, comme Simah ?

– Non ! Je suis de Babylone.

– Babylone ? La grande Babylone ?

– En effet !

La jeune femme semble ravie.

– Je viens de rencontrer un homme du Sud. Il s'appelle Malik. Peut-être…

– Je ne le connais pas.

– Pourtant…

– Je te dis que je ne le connais pas !

Nusaba se tait, déçue par la réponse.

Simah remarque le peu d'entrain de son compagnon. Il avale la moitié de son pichet, et lance :

– Mon ami, oublie la vie, oublie les ennuis. Plonge-toi dans l'ivresse de la bière et des femmes.

– Pourtant, je suis inquiet…

– Pas ce soir, mon ami. Demain, nous parlerons.

Les deux jeunes filles acquiescent en souriant.

Nusaba passe une main délicate entre les épaules de Nasir-Annu.

L'ambassadeur de Babylone attrape son pichet, en boit une gorgée, accepte d'autres caresses de la jeune prostituée, et tente un sourire.

– Tu as sans doute raison.

Simah l'encourage :

– Voilà qui est bien mieux.

Nanna s'approche du groupe et pose devant eux un plateau garni de nourriture. Des olives, des pains farcis, de la purée de pois chiches.

– Bon appétit !

Le soir tombe sur le désert qui se couvre d'une couleur de sang. Les soldats campent au pied de la forteresse de Dur et se reposent en jouant ou en parlant. Ceux qui sont responsables du repas ont déjà allumé les feux et se préparent à faire cuire la soupe.

Napsi est monté sur le chemin de ronde et porte son regard vers l'horizon. Burqan vient le rejoindre, une outre de bière à la main.

– À quoi penses-tu ?

– Au silence qui précède les tempêtes.

– La bataille que nous livrerons demain restera limitée. Les Bédouins sont peu nombreux et nous n'avons qu'une petite armée.

– Le choc sera quand même rude.

– Que se passe-t-il ? Depuis quand le combat t'inquiète-t-il ?

– Il ne s'agit pas d'inquiétude. Je ne sais pas si nous avons raison d'agir ainsi. Les Bédouins nous sont utiles. Ils contrôlent les marches occidentales du royaume. Il aurait été préférable d'en faire des alliés. J'ai même proposé d'en intégrer certains dans l'armée. Une compagnie de ces soldats rapides et légers serait un atout pour le roi.

– Nous avons tenté de les raisonner. Tu oublies qu'ils attaquent nos caravanes.

– Peut-être n'ont-ils pas été récompensés de leur soutien.

– Tu te mets à parler comme Asqudum.

– Le devin royal a peut-être raison.

– Le roi veut s'imposer par la force.

– La force entraîne la force. Les enfants de ceux que nous allons tuer vont grandir dans l'idée de se venger de la mort de leurs pères et dans dix ans, à leur tour, ils nous attaqueront.

– Dans dix ans ? L'aventure que nous avons choisie en suivant Zimri-Lim pourrait être bien plus courte.

– Que dis-tu ?

– Un prophète annonce une catastrophe.

– Tu sais comme moi que les prophètes agissent pour le compte d'un commanditaire.

– Celui-là semble parler pour lui-même. Et il annonce des troubles graves pour le royaume.

– Alors il nous faut achever au plus vite cette campagne et retourner à Mari. Je n'aime pas laisser le palais sans défense.

– Une partie de l'armée est restée.

– Oui, mais que pourra-t-elle faire contre un ennemi plus fort que les Bédouins ?

Burqan lève les yeux au ciel, invoque l'aide des dieux avant de tendre l'outre de bière à son ami. Celui-ci en avale plusieurs gorgées avant de reprendre son observation du désert.

– Quelquefois j'envie les Bédouins.

– Demain tu ne diras pas ça.

Meni-El, l'ambassadeur d'Eshnunna, veille dans sa résidence. Deux lampes à huile éclairent la pièce d'accueil où il se trouve. Il attend une visite nocturne, assis sur une banquette garnie de coussins.

Un messager a rapporté des nouvelles inquiétantes du pays de Warum dont Eshnunna est la capitale. Le roi s'inquiète des Élamites de l'Est et souhaite des progrès rapides dans les négociations avec Mari.

Un serviteur vient annoncer qu'un homme réclame l'ambassadeur. Meni-El donne l'ordre de le faire entrer.

L'homme se présente dans la pièce et s'incline.

– Ton message parlait d'urgence.

L'ambassadeur se lève. Il explique :

– En effet. Mon souverain veut en savoir un peu plus sur l'évolution politique de Mari.

L'homme sourit.

– Je constate que tu nous prends au sérieux.

– Il y va de l'intérêt du pays de Warum.

– Imaginons que le sort nous soit favorable. Qu'es-tu prêt à céder ?

– Que demandes-tu ?

– Suhûm !

L'ambassadeur fronce les sourcils.

– C'est impossible !

– Cette ville doit réintégrer le royaume de Mari. Et vous voir quitter nos portes serait un gage d'amitié.

– Les anciens souverains de Mari se sont faits à notre modeste présence dans cette région.

L'homme ne répond pas immédiatement.

L'ambassadeur, demande alors, faussement soumis :

– Imaginons que Suhûm revienne au souverain de Mari. Que pouvons-nous espérer ?

– Un mariage et une alliance.

– Une alliance ? Contre qui ?

– Une alliance défensive. Je sais que les Élamites se font pressants à vos portes et qu'ils seront peu nombreux ceux qui viendront à votre aide en cas d'agression. Babylone ne bougera pas. Ekallatum est incertain. Les autres royaumes se désintéressent de votre sort.

– Vous renonceriez à l'alliance avec le Yamkhad ?

– Une fois Zimri-Lim renversé, ses alliances disparaîtront avec lui.

L'ambassadeur sait que jamais son roi n'acceptera de céder Suhûm, qui offre des avantages stratégiques et économiques importants. Cependant il faut inciter son interlocuteur à agir.

Il ment :

– Dans ce cas, si une alliance se forme entre nos deux royaumes, vous aurez Suhûm.

L'homme paraît satisfait.

L'ambassadeur demande :

– Quand passerez-vous à l'action ?

– Rapidement.

Meni-El approuve. Puis il ajoute :

– La mort de l'aide du devin royal n'était pas une heureuse idée.

– Nous ne pouvions faire autrement. Il nous avait entendus.

– Asqudum, tel que je le connais, risque d'enquêter et de se mêler de vos affaires.

– Nous le savons. Mais nous avons pris nos précautions. D'une façon ou d'une autre Asqudum va cesser de nous gêner.

– C'est le deuxième mort dans le palais en moins d'une année.

– Bannum est déjà oublié de tous. L'aide du devin royal ne compte pas. C'est un esclave. Et le roi aura bientôt d'autres préoccupations. Que pouvons-nous craindre ?

– Tu as sans doute raison.

L'homme annonce qu'il doit partir.

L'ambassadeur le salue et le fait raccompagner à l'autre entrée de la résidence. Mieux vaut ne pas être vus ensemble.

Après son départ Meni-El fait réveiller son scribe et lui dicte un message pour Ibal-Pî-El, le souverain d'Eshnunna.

Puis un messager est à son tour tiré de son sommeil. Malgré la nuit, il reçoit l'ordre de partir immédiatement pour le Warum.

Meni-El joue une partie compliquée contre plusieurs adversaires. De l'un d'eux au moins il devrait être vainqueur.

La lune domine la ville et offre sa lumière. Asqudum et Hibram sont installés sur le toit de la demeure.

Rabum arrive, portant une cruche de vin et deux bols.

– Du vin ? Tu nous régales.

– Je l'ai rapporté avec moi du Yamkhad. J'espère que les vignes que j'ai mises en culture sur mes terres en fourniront bientôt un aussi bon.

Les deux hommes boivent chacun une gorgée tandis que Rabum redescend.

– C'est ton nouvel assistant ?

– Oui.

– Il a l'air serviable.

– Je l'ai surtout choisi pour son esprit. Où en es-tu avec Nakatum ?

– Le petit sera formé comme tu le désires.

Ils boivent à nouveau.

– Tu as l'air bien songeur.

– J'ai l'esprit troublé.

– Raconte-moi.

Le devin pose son bol.

– Rien de concret. Des sentiments confus… Le temps qui passe… Je me sens vieillir.

– C'est notre destin commun.

– Je ne pourrais jamais m'y faire. Naître, vivre, disparaître. Un étrange cycle.

– Faisons confiance aux dieux qui ont mis nos vies en marche.

Après quelques instants de silence, Hibram évoque comme il l'a promis la situation de Kabi-Addu.

– J'aime beaucoup ton fils cadet. Ce serait dommage qu'il perde son temps dans une fonction obscure.

– Il t'a parlé ?

– Oui !

– Tu as plus de chance que moi. Il doit pourtant devenir fonctionnaire du royaume. Mais sa position sera loin d'être obscure.

Hibram fait un geste de la tête.

– Tu fais au mieux pour ta famille.

– J'essaie.

– Et ton affaire ?

– Des ombres se dissipent. Une lueur me guide. Mais rien n'est encore très clair.

CHAPITRE 8

Le juge Dada, conscient de la gravité de la nouvelle qu'il doit annoncer, baisse la tête, rentre les épaules, se donne des airs de contrition.

Asqudum le fait entrer dans sa demeure. La grande cour est calme.

– Il s'est passé quelque chose de terrible.

– Tu m'inquiètes. Raconte !

– Ce matin je devais recevoir une femme et sa fille adoptive. Ceci était le résultat du travail de recherche de Gurrudu, le responsable du quartier du port.

– Eh bien ?

– Cette femme et cette fille sont des témoins capitaux dans l'affaire qui concerne la mort de l'enfant.

Asqudum commence à comprendre.

Le juge Dada poursuit son histoire en prenant des détours sinueux :

– Elles auraient dû nous en apprendre beaucoup, si j'en crois les propos de Gurrudu qui leur a parlé.

Asqudum s'impatiente :

– Mais tu ne les as pas vues.

– Elles ne sont pas venues. Aussi j'ai dépêché deux sbires pour les forcer à se présenter à moi. Les deux sbires sont revenus affolés. Elles sont mortes, maître devin. Chez elles. On les a tuées. Les sbires sont formels.

À nouveau le juge Dada baisse les yeux. Asqudum se trouble un instant. Il reprend vite ses esprits.

– Il fallait s'y attendre. Gurrudu a trouvé la bonne piste. Qu'avaient-elles à nous dire ?

– Selon lui, elles auraient vendu un nouveau-né à deux hommes d'un temple, il y a cinq jours.

– Un temple ?

– C'est ce qu'il a dit.

– On les aura éliminées pour qu'elles ne parlent pas et qu'elles ne puissent reconnaître les deux hommes.

– C'est ce que j'en ai conclu.

– Comment sont-elles mortes ?

– Les sbires pensent qu'elles ont été étranglées.

Les troupes avancent par compagnie. Depuis l'aube elles marchent vers l'ouest dans un silence pesant.

Deux espions ont été envoyés en avant. Ils indiquent régulièrement que le terrain est dégagé.

Yashub manœuvre le char du roi au milieu des hommes à pied. Il n'ose interrompre Zimri-Lim, qui semble perdu dans ses pensées. Coiffé d'un casque renforcé de cuivre et vêtu d'une épaisse tunique de cuir, il retrouve l'atmosphère si particulière qui précède la bataille. Il y a peu encore, ils combattaient pour prendre le pouvoir. Ils luttent désormais pour le conserver et s'imposer définitivement.

La troupe est en train de contourner une colline par la droite. Soudain on aperçoit les deux espions signaler un danger. Napsi envoie un détachement les rejoindre. Il donne l'ordre au reste des soldats de s'arrêter.

Sur place, le capitaine du détachement interroge les espions. Les deux hommes ont un air étrange. Devant eux se trouvent trois corps, la tête tranchée.

– Il s'agit de nos compagnons. Ils observaient les Bédouins. Sans doute ont-ils été surpris.

– Pourquoi les avoir déposés ici ?

– Pour nous avertir. Une sorte de menace…

Il n'a pas le temps de finir. On entend un sifflement que tous reconnaissent parfaitement.

Le capitaine s'effondre, une pierre figée en plein front.

Les sifflements s'enchaînent. En haut de la colline, des dizaines d'hommes armés de frondes apparaissent. Ils projettent des quantités de pierres qui fusent dans l'air. La panique gagne le détachement. Les espions crient de se retirer au plus vite. D'autres soldats tombent sous les coups.

Le gros de l'armée, à l'arrière, est hors de portée des Bédouins. Napsi commande à des troupes légères de courir au plus vite renforcer le détachement. Les Bédouins, à la vue des soldats s'avançant, disparaissent, dévalant l'autre versant de la colline. Napsi renonce à engager la poursuite. Les Benjaminites sont trop rapides.

Les troupes se regroupent. On dénombre six morts dont un capitaine et autant de blessés qu'il faut ramener à la forteresse.

Zimri-Lim fait venir Gulli. Le jeune devin lit dans le foie de l'animal sacrifié qu'il convient d'attaquer au plus vite. On aurait tout à perdre dans une guerre de harcèlement.

Yakun-Bâli décide d'aller chercher quelque occupation du côté des cuisines. Sa journée à l'atelier de tissage étant finie, elle se retrouve sans occupation.

Habituée à tenir une maison, elle ne sait quoi faire depuis qu'elle habite chez Asqudum. Le ménage, la préparation des repas, l'approvisionnement en nourriture, la lessive, toutes les tâches qui auparavant remplissaient ses journées sont désormais prises en charge par la nombreuse domesticité de la maison.

Elle est accueillie par le salut amical des trois femmes qui travaillent à la préparation du repas.

– Je suis venue voir si vous souhaitiez de l'aide.

Zaniha la regarde avec attention.

– Tu as de la chance, je m'apprêtais à partir au marché. Tu peux m'accompagner et m'aider à porter les provisions. Cela te sortira et te changera les idées.

– Certainement.

Elle attend quelques instants que la cuisinière soit prête, et toutes deux quittent la pièce, deux vastes paniers en osier au bras. Elles traversent l'esplanade des temples et rejoignent le marché.

Le marché. Vaste rectangle à ciel ouvert où les paysannes de la région proposent des légumes, quelques fruits, des volailles, du lait, des œufs. La cuisinière vient souvent y chercher de quoi compléter ce que les terres d'Asqudum ne lui fournissent pas. Les deux femmes s'approchent de l'étal où une jeune fille aux yeux très clairs propose des poireaux, des navets, des betteraves, de l'ail et différentes sortes d'oignons. Son visage s'éclaire quand elle reconnaît Yakun-Bâli.

– Cela fait longtemps que je ne t'ai vue au marché.

Yakun-Bâli hésite à expliquer les raisons de son absence prolongée. Elle répond simplement :

– En effet, mais me voilà à présent. Qu'as-tu à nous proposer ?

– Je te recommande les poireaux. Ils sont nouveaux, tendres et très parfumés. Tu pourras les accommoder avec les betteraves pour en faire une bouillie.

Zaniha intervient :

– Une bouillie de betteraves ? Comment fais-tu cela ?

– Il te faut de la viande de gigot que tu fais dorer puis cuire doucement en ajoutant de l'eau et de la bière. Tu jettes ensuite de l'oignon, des herbes amères, du cumin. Tu poursuis la cuisson encore un moment et tu ajoutes alors les betteraves émincées, le poireau et l'ail écrasés. Quand tout le liquide est évaporé et que le contenu de la marmite est réduit en purée, tu saupoudres ta bouillie de coriandre.

– Nous essaierons ! Cela me semble parfait pour accompagner mon ragoût d'oiseaux.

La jeune vendeuse approuve.

– As-tu besoin de betteraves pour la recette ?

– Oui, et d'herbes amères également.

– Je n'en ai pas, mais tu devrais aller voir plus loin, tu en trouveras certainement.

Yakun-Bâli et la cuisinière s'éloignent. Quelques paysannes vantent la fraîcheur de leurs produits par des cris rarement mélodieux. Les clients se pressent, rencontrent des voisins ou des parents. Les serviteurs retrouvent des paysans de leur village, s'informent des dernières nouvelles en effectuant leurs achats. L'endroit est saturé de cris, de parfums, d'odeurs. Yakun-Bâli soupire. Elle se sent légèrement étourdie, comme une convalescente après une longue maladie. Une semaine seulement qu'elle n'est pas venue au marché, et tout lui semble différent. Son regard sur le monde s'est transformé. Cette agitation la grise. Elle se sent, pour la première fois depuis la mort d'Irdizzi, presque apaisée, heureuse d'avoir accompagné la cuisinière. Quand toutes deux reviennent lourdement chargées, elle sourit à Zaniha qui ne comprend pas pourquoi.

Rabum arrive aux abords de la maison. Un sbire est posté devant la porte, armé d'un simple bâton sur lequel il se repose. Il lui faut trouver un moyen d'y pénétrer. Inutile de tenter d'en faire le tour ; dans ce quartier les habitations sont agglutinées les unes aux autres et n'ont généralement qu'une seule entrée.

C'est alors qu'il aperçoit un peu plus bas une charrette contenant des cages à poules. Le conducteur est absent. Sans hésiter Rabum s'élance et ouvre une à une les cages. Puis il s'éloigne en courant. Poules et poulets s'échappent dans toutes les directions, en caquetant bruyamment. Alerté par les cris, le conducteur sort affolé d'une maison et se met à hurler. Une foule se forme rapidement qui tente de rattraper les volatiles.

Le sbire, surpris par l'agitation, court vers l'origine du désordre.

Rabum profite de l'abandon de poste pour pénétrer dans la maison. Son plan a parfaitement fonctionné.

L'habitation ne comporte qu'une pièce unique. Les rares meubles sont renversés. Une cruche gît brisée près de la table. Il remarque alors les corps allongés par terre. Rabum s'en approche avec réticence. Elles ont toutes deux la bouche ouverte et les yeux révulsés. Rabum est pris d'une sorte de nausée.

Il examine la trace rougeâtre que chacune porte au cou. Sans doute une cordelette.

Il observe la main crispée de la jeune femme. Il en desserre avec peine les doigts rigides et froids. Une figurine en terre. Une protection divine qui n'aura servi à rien. Il la met dans sa tunique et sort dans la ruelle, en prenant soin de ne pas être vu.

Asharid frappe deux coups rapprochés, comme il était convenu. La porte s'entrouvre. Le serviteur passe la tête et reconnaît la cicatrice sur sa joue. Il le conduit vers un homme qui se tient à l'ombre d'un arbre, dans les jardins de la demeure.

Asharid s'approche.

L'homme ordonne :

– Parle !

– On se rapproche de nous.

– Comment cela ?

– Asqudum enquête de façon précise.

– C'est ce qu'on avait imaginé.

– Oui ! Mais il a retrouvé la trace de la femme.

– Comment a-t-il fait ?

– Je ne sais pas. Le juge l'aide dans cette affaire.

– Il faut agir au plus vite.

– C'est ce que j'ai fait. La femme et sa mère ne parleront plus.

– Bien !

– Asqudum va persévérer. Il est plus difficile à compromettre que prévu.

L'homme regarde Asharid en fronçant les sourcils.

– Que préconises-tu ?

– Qu'on passe le plus rapidement possible à l'action. Le roi sera encore absent plusieurs jours, et peut-être même que la campagne se prolongera.

L'homme fait un signe de la tête.

– Il faut nous réunir. Donne les ordres. Et pour Asqudum, utilise l'intendant Samarân. Il sera content de se rendre utile.

– J'y cours.

Asharid sourit. Il tient sa revanche contre le devin royal.

Asqudum patiente dans une alcôve du palais, Rabum se tient un peu plus loin dans un couloir. Le jeune homme vient de lui raconter sa visite dans la demeure des deux femmes. Le devin royal réfléchit. L'assassin semble prêt à tout. L'assassin ? Mais comment tuer deux femmes en même temps avec une corde ? Soit il a des complices, soit il a attendu que la seconde revienne après avoir tué la première. Il devra en parler au juge Dada. Peut-être que des passants auront vu ou entendu quelque chose.

Il perçoit alors un bruit de pas et fait signe à Rabum de se glisser dans l'ombre.

Elenza, la jeune servante de Shibtu, approche. Elle semble nerveuse et jette des regards par-dessus son épaule.

Asqudum sort de l'alcôve. La jeune fille, surprise, pousse un cri de frayeur. Un sourire gêné lui gagne le visage quand elle reconnaît le devin royal.

Il la salue.

Elle se rend compte ensuite que Rabum est arrivé en silence derrière elle.

Elle bafouille :

– Que veut… le maître devin ?

– Une chose. Une toute petite chose. Donne-moi le message !

Elenza s'empourpre.

– Un message ?… Je n'ai pas de message.

– N'aie crainte. Je veux seulement le porter moi-même à ta maîtresse.

Elenza sait qu'il n'y a rien à faire. Elle sort de sa tunique une petite tablette d'argile. Au moment de la tendre au devin elle tente d'en effacer le texte à l'aide de son pouce. Asqudum s'en aperçoit et lui attrape rapidement le poignet. Il serre si fort que la jeune fille grimace avant de lâcher la tablette qui tombe au sol.

Asqudum la ramasse calmement.

Elenza fond en larmes. Elle a failli à sa mission.

La tablette est encore en partie lisible. Asqudum en déchiffre le contenu. Ce qu'il sait du dialecte du Yamkhad lui suffit pour en comprendre l'essentiel. Il rassure la jeune fille, la laisse en compagnie de Rabum, s'éloigne en direction du quartier des femmes.

Sur place, il fait demander Shibtu. La princesse accepte de le recevoir.

On le conduit dans une pièce de réception. Il en observe le décor qui vient d'être changé. La mode du Yamkhad commence à s'imposer.

La princesse entre.

– Que me vaut l'honneur de la visite du devin royal ?

Asqudum s'excuse de la déranger dans ses appartements.

– Il n'en est rien.

– Le hasard m'a fait trouver une chose qui t'est destinée.

– Le hasard ? Une chose ? Le maître devin est bien mystérieux.

Il lui tend la tablette.

La princesse se maîtrise malgré la surprise.

– Qu'est-ce donc que cela ?

– Un message de l'ambassadeur du Yamkhad.

– Pour moi ?

– En effet !

– Ne peut-il l'apporter lui-même ? Depuis quand a-t-il besoin du devin royal pour m'envoyer des messages ?

– Depuis qu'il le fait secrètement sans passer par le ministre des entrées du palais.

Elle ne réagit pas immédiatement. Asqudum admire le sang-froid de la princesse qui, malgré son jeune âge, joue parfaitement son rôle d'intrigante.

– Que dit ce message ?

– Tu le liras toi-même. Il est partiellement effacé mais on en comprend les grandes lignes.

Asqudum arrête de sourire. Il menace :

– Je n'aime pas savoir qu'il se trame des complots dans le palais de Mari.

La princesse perd de sa prestance. Elle sait que le devin possède le pouvoir de la faire chuter.

– Que veux-tu ?

– Rien d'impossible pour toi. Me donner une copie des messages de l'ambassadeur Iddinu. Continuer à échanger secrètement avec lui.

– Tu veux que je trahisse mon royaume ?

– Ton royaume, c'est désormais celui de Mari !

Shibtu comprend qu'il lui faut accepter le marché.

– Comme il te plaira.

Asqudum s'incline.

– Une chose encore. Ta servante n'y est pour rien.

– Je le sais. Le quartier des femmes est une ruche grouillante où chacune espionne l'autre.

– Il n'y a pas que le quartier des femmes. Tout le palais est ainsi.

Shibtu acquiesce aux propos du devin.

Au moment où celui-ci se retire, elle ajoute :

– Puis-je te suggérer de prendre garde à toi ?

– Tu peux.

– On te veut du mal.

– Je l'imagine.

Et il s'éloigne, satisfait de s'être fait de la princesse une alliée temporaire.

Les collines sont maintenant derrière eux. Devant se présente un plateau aux formes irrégulières.

Les deux espions expliquent que les Bédouins s'y sont regroupés et qu'ils chercheront certainement à le défendre farouchement puisqu'il donne accès à leurs différents campements.

Les troupes de Zimri-Lim marquent une pause. Tandis que les chefs palabrent, on distribue des rations d'eau. Une indéfinissable tension parcourt les soldats. L'heure du combat approche. Chacun pense au monde, à la vie qu'il pourrait quitter.

Le plateau a une largeur de six cents pas environ. S'ils l'attaquent de front, ils devront gravir une sorte de mur naturel sous la menace des Bédouins. L'autre solution consiste à en faire le tour afin d'y grimper par une face en pente douce.

Zimri-Lim propose de mener une triple attaque.

Napsi s'inquiète de devoir diviser les troupes pour attaquer le plateau de part et d'autre.

Burqan redoute la rapidité des Bédouins, mais il se range à l'avis de son souverain.

L'après-midi est déjà avancée. Il faut agir immédiatement ou prendre le risque de passer une nuit dans le désert avec un ravitaillement limité, sous la possible menace de l'ennemi.

Tandis qu'ils continuent d'étudier les différents plans de bataille, un messager, venu à dos de mulet de la citadelle de Dur, se fait annoncer. Il apporte un courrier au roi.

Zimri-Lim en prend connaissance, réfléchit une dernière fois à la situation, et donne l'ordre de se remettre en mouvement. Il impose son plan d'attaque.

Les troupes se forment en deux ailes rapides et un centre solide qui fera diversion.

Le roi commandera le centre avec une partie de la garde et des troupes de la citadelle de Dur qui les ont accompagnés. Napsi prendra le commandement de l'aile droite. Il aura avec lui des archers et des javeliniers. Burqan conduira l'aile gauche avec le reste de la garde, soutenu par quelques dizaines d'archers.

Les deux ailes commencent la manœuvre. Les troupes placées sous les ordres du roi patientent avant de se mettre en mouvement. Tous doivent arriver en même temps aux abords du plateau.

Les combattants, désireux de se venger de l'attaque du matin, accélèrent progressivement le pas.

La poussière et la chaleur les accompagnent.

Une sorte de frénésie gagne les soldats de Mari. Zimri-Lim et ses généraux se réjouissent de l'ardeur de ces hommes dont beaucoup ne verront pas se lever un jour nouveau.

Au moment où les trois corps arrivent en position, les premiers Bédouins surgissent sur le bord du plateau.

Le roi ordonne de ralentir le pas. Les soldats lèvent leurs boucliers pour se protéger des pierres de fronde. Les troupes légères conduites par Napsi commencent à grimper sur le plateau par la droite, celles de Burqan se préparent à faire de même par la gauche.

Badhî-Lim et Shû-Nuhra-Hâlu se retrouvent dans la cour d'honneur. En l'absence du roi ce secteur du palais est étrangement calme. Le ministre des entrées du palais suit l'intendant dans son appartement, situé à proximité de l'entrée principale. Ils traversent la grande cour, saluant quelques fonctionnaires qui s'apprêtent à regagner leurs demeures, leur journée de travail achevée.

Parvenu chez lui, Badhî-Lim fait appeler un serviteur, auquel il commande de la bière fraîche. Les deux hommes s'installent confortablement sur une banquette garnie de coussins moelleux. Bientôt le serviteur revient, portant sur un plateau une cruche de terre et deux bols. Il y verse la boisson puis se retire après s'être assuré que son maître ne désire plus rien.

Alors seulement celui-ci se tourne vers le ministre des entrées du palais.

– Il faut que je te parle d'Asqudum. Il communique en secret avec la nouvelle épouse du roi.

Zimri-Lim donne l'ordre d'avancer au pas de charge vers le plateau. Déjà, sous les coups adroits des frondeurs, plusieurs soldats de sa garde sont tombés. Arrivés au pied de l'élévation, il commande de tenir la position.

Du haut du char royal, Yashub, le conducteur, observe l'affrontement. Quelques Bédouins armés de longs couteaux sautent sur les soldats et viennent s'empaler sur leurs lances. Les autres semblent attendre, prêts à se battre.

Soudain une terrible rumeur retentit. Un de ces cris qui accompagnent le choc des armées et permettent de se libérer de la peur. On entend, sur le plateau, le fracas des armes, la lourde plainte des hommes qui gémissent de douleur.

La manœuvre de contournement a sans doute réussi. L'un des deux généraux est passé.

Zimri-Lim ordonne alors à ses troupes de grimper. Les premiers soldats se mettent à escalader la pente. Des Bédouins se jettent sur eux pour tenter de les repousser. Le contact est violent.

L'ensemble de la situation demeure confus. Au milieu des clameurs et de la poussière, on frappe, on tue, on avance, on recule. Aucun des deux camps ne paraît avoir le dessus.

Zimri-Lim rugit. Il saute de son char, attrape sa lance et son bouclier, s'approche de ses soldats en leur donnant l'ordre de monter coûte que coûte. Voyant leur roi se joindre à eux, les hommes de la garde, galvanisés, se lancent une seconde fois sur les pentes du plateau. Ils grimpent, s'accrochant aux pierres et à la maigre végétation, subissant les coups redoublés des Bédouins.

Enfin, une voie est dégagée. Les défenseurs reculent et des soldats du roi prennent position sur le bord du plateau.

Yashub a manœuvré le char royal en arrière. D'où il se tient, il lui semble que la situation n'est pourtant guère favorable à l'armée de Mari. Les Bédouins, plus nombreux que prévu, résistent de part et d'autre. L'aile commandée par Burqan semble sur le point de se faire déborder. Celle de Napsi ne parvient pas à progresser.

Zimri-Lim fait alors regrouper ses combattants et charge pour soulager son général de la garde.

Il passe avec force et fracas le rideau défensif.

Surpris par l'arrivée du roi, les Bédouins qui encerclaient les troupes de Burqan hésitent. Le chef de la garde en profite pour lancer sa contre-attaque.

Pris entre deux assauts, les Bédouins renoncent au combat et tentent de fuir le lieu de la bataille.

Une volée de flèches s'abat sur eux tandis que ceux qui ne peuvent plus s'échapper lâchent leurs armes.

Sur l'autre aile, Napsi est parvenu à tenir tête aux troupes bédouines, plus nombreuses que les siennes. Zimri-Lim envoie rapidement un détachement renforcer son chef des armées.

Devant ce retournement de situation qui les dépasse, les derniers Bédouins partent en déroute. Les soldats de Mari se lancent à leur poursuite afin de constituer un maximum de prisonniers.

La victoire semble totale.

Asqudum et Rabum gardent le silence depuis quelques instants. Rabum range les modèles de foies en terre cuite sur les étagères au fur et à mesure que son maître finit de les consulter. L'art divinatoire impose d'entretenir régulièrement sa mémoire et ses connaissances.

Rabum demande au devin :

– Maître…

– Oui ?

– J'ai une question.

– N'hésite pas.

– Sais-tu ce qui est arrivé à Elenza ?

– Elenza ?

– Oui ! La servante de la princesse Shibtu dont nous avons intercepté un message.

– Pourquoi t'inquiètes-tu d'elle ?

– Je voulais savoir s'il ne lui était rien arrivé. Si sa maîtresse ne l'avait pas trop punie.

Asqudum sourit.

– Il est vrai que cette jeune servante est fort jolie.

– Ce n'est pas ma question.

Le devin se moque avec bienveillance :

– S'il s'agissait d'une vieille servante grosse et laide, me poserais-tu la question ?

Rabum rougit.

– Peut-être…

Asqudum se met à rire.

– Nous irons tous les deux nous renseigner sur cette jeune Elenza ! Mais je pense qu'il ne lui est rien arrivé.

Rabum se tourne, presque rassuré, et finit sa tâche.

Un serviteur entre quelques instants après.

– Maître, un messager vous demande.

– À cette heure ? Il fait presque nuit… J'arrive.

Asqudum sort de la pièce et se dirige vers l'entrée principale de la demeure.

Le messager l'y attend. Un homme au teint jaune, à l'air maladif.

Asqudum lui fait signe de s'approcher. Il est envoyé par le juge Dada qui lui demande de le rejoindre dans le quartier des potiers, près du dépôt. Le messager précise que le juge a découvert des éléments nouveaux sur la mort de l'enfant.

– Quel genre d'éléments ?

– Il a parlé du temple de Dagan et de son intendant.

– Samarân ?

– C'est le nom que le juge Dada a employé.

– Je m'en doutais !

Asqudum rappelle son serviteur, l'informe qu'il doit sortir et quitte sa demeure à la suite du messager.

Les deux hommes traversent une partie de la ville et arrivent dans le quartier des potiers. Le dépôt semble désert. Le dieu Sin vient d'apparaître dans le ciel et offre sa pâle lumière aux deux hommes. C'est ici, dans ce bâtiment tout en longueur, qu'on entrepose la terre argileuse. Les artisans s'y ravitaillent facilement. C'est là aussi que sont déposés les fragments de céramiques brisées qui servent ensuite à la construction ou au remblai des chemins.

Ils attendent quelques instants. Le messager se tait. Sans doute espère-t-il une gratification supplémentaire pour sa mission.

Asqudum, lui aussi silencieux, se demande quel est le lien entre le dépôt et le temple de Dagan. Le juge Dada a sans doute trouvé un élément qui associe ces deux lieux.

Soudain, un craquement.

Asqudum voit un homme se diriger vers lui. Plutôt grand et massif, il porte une tenue sombre et une courte barbe.

Le devin royal demande :

– Est-ce toi que je dois rencontrer ?

– C'est moi, en effet.

– Le juge Dada doit-il arriver ?

– Le juge Dada ne viendra pas. Il aurait dû te conseiller de lire dans les entrailles pour ton propre compte aujourd'hui, plutôt que de suivre ses instructions.

Asqudum, surpris par la remarque, se retourne. Il a entendu un bruit dans la ruelle déserte. Un autre homme se tient à présent derrière lui. Plus petit que le premier, il demeure immobile. Un pan de sa tunique est rabattu de façon à lui dissimuler le visage. Le messager fait quelques pas en arrière avant de quitter les lieux.

– Vous venez du temple de Dagan ?

Aucun des deux hommes ne répond au devin.

Des pensées confuses se mêlent dans son esprit.

L'homme qui lui fait face sort une cordelette de chanvre de sa manche, la tend entre ses mains. Asqudum sent alors dans ses reins la pression d'un bâton. Menacé de part et d'autre, il ne peut reculer.

Il va mourir comme Bannum, comme Irdizzi. Quel idiot ! Comment n'a-t-il pas songé qu'on pouvait lui tendre un piège ? Le faire accuser du meurtre de l'enfant n'était sans doute plus suffisant.

Asqudum n'est pas particulièrement versé dans l'art du combat, mais il se prépare quand même à lutter.

Inutile de crier car personne n'entendra son appel dans ce secteur désert. Il lève les poings, plie les genoux. Il regrette seulement de ne pas avoir de poignard.

L'homme à la cordelette émet un sourire de satisfaction. Il avance les mains, se prépare à agir.

Mais son sourire, soudain, se transforme en un étrange rictus. Il se fige, ses yeux s'emplissent d'effroi, sa bouche s'ouvre, son regard se perd, il chancelle, tombe à genoux avant de s'effondrer. Derrière lui se dresse un inconnu, un couteau à la main.

Asqudum se retourne d'un coup. Son deuxième assaillant s'est déjà enfuit.

L'inconnu essuie son couteau sur le vêtement de l'homme mort et s'avance en disant :

– Je crois que tu n'as plus rien à craindre.

– Je crois que je te dois la vie. Ce n'est pas le hasard qui t'a conduit ici ?

– En effet !

– Comment as-tu fait pour savoir ?

– Je n'ai fait que te suivre. Un devin royal qui sort à la nuit tombée en direction d'un quartier désert, voilà quelque chose de peu commun.

– Qui es-tu ?

L'homme range son arme dans sa tunique.

– Je m'appelle Malik. Te souviens-tu de Bannum ?

– Comment oublier le maître des pâtures ?

– Bannum avait un frère. Je suis ce frère. Et je suis ici pour rechercher la cause de sa mort. Il me manque encore quelques informations mais j'approche du but. Je souhaite qu'en échange de ta vie, tu m'apprennes ce que tu sais car la mort de mon frère et celle de ton assistant sont liées.

– J'avais fait le rapprochement. Mais je n'ai pas beaucoup avancé. Que saurais-tu que j'ignore ?

– L'homme à la cordelette. Je l'ai déjà vu en compagnie de Samarân.

– Samarân ! C'est sans doute lui qui m'a tendu ce piège.

Yamama surveille la préparation du repas du soir, quand Kabi-Addu, son fils cadet, entre dans la cuisine.

– Mère !

– Oui, mon fils ?

– Notre père t'a parlé de son projet de mariage ?

– Bien sûr. Il sait que j'ai rencontré la fille d'Itur-Asdu lors d'une visite chez sa mère. Il souhaitait savoir ce que je pensais d'elle.

– Tu ne m'en as rien dit.

– Je te le dis maintenant. Elle est très jolie, et gaie, pour autant que les jeunes filles puissent être gaies.

– Je vois.

– Tu n'es pas content de ce choix ? Il est temps que tu te maries, et je t'assure qu'elle est vraiment charmante.

– Sans doute, mais ma vie me plaît telle qu'elle est actuellement. Aucun de mes amis n'a d'épouse et je ne me sens pas l'envie…

– Tu vas rentrer au service du roi. Tu auras des responsabilités. En tant que fonctionnaire royal, tu ne peux pas passer toutes tes soirées à te saouler à la taverne avec tes amis.

– Mère !

– Crois-tu que je sois aveugle et sourde ? Je t'ai plus d'une fois entendu regagner la maison dans un état qui ne devait pas être provoqué par l'étude du droit. C'est normal que tu veuilles t'amuser, mais tu ne peux pas le faire indéfiniment.

Kabi-Addu lève les yeux au ciel.

– Je sais.

Yamama lui sourit doucement. Kabi-Addu est son plus jeune fils, et elle n'est pas pressée de le voir s'éloigner d'elle.

– Je parlerai à ton père. Je sais qu'il veut ce qu'il y a de mieux pour toi.

– J'aimerais en être sûr. Le gouverneur de Mari est un personnage important. Ce mariage l'arrange plus qu'il ne me convient.

– C'est ton père qui décide ces choses-là ! Je peux le convaincre de le retarder un peu. Que dirais-tu d'un mariage au printemps prochain ?

Asqudum et Malik arrivent sur l'esplanade. L'enceinte du temple de Dagan est fermée.

Malik demande :

– Où loge l'intendant ?

– Je ne sais pas. Allons voir chez le grand prêtre.

Ils parcourent en quelques instants la petite distance qui sépare le temple de la résidence de Paruri.

Étonné, celui-ci les accueille, alors qu'il vient de passer à table.

– Quel honneur pour moi de recevoir le devin royal !

Asqudum explique sèchement :

– Le temps n'est pas aux politesses. Où demeure l'intendant du temple ?

– Samarân ? Dans le quartier du port. Pourquoi ? Qu'a-t-il fait ?

– Nous aimerions le savoir.

– J'espère que le temple n'est pas en cause.

– Je te le souhaite.

Samarân hésite.

– L'intendant s'est peut-être engagé dans une voie dangereuse. Je n'ai pas su l'en empêcher.

– Nous verrons !

Asqudum et Malik quittent tous deux la demeure sans autre explication et redescendent vers le port. La ville est calme ; ils ne croisent que quelques habitants qui regagnent leurs demeures.

Ils frappent à la porte de Gurrudu. Le gros homme ouvre, inquiet.

– Asqudum ? Que veut le devin royal ?

– Nous cherchons Samarân, l'intendant du temple de Dagan. Il loge dans ton quartier.

– Je le connais, en effet. Pourquoi ?

– Peu importe. Conduis-nous !

– Bien, maître devin !

Gurrudu prend la tête du groupe. Les trois hommes se glissent dans les ruelles sombres et étroites du quartier du port. Ils arrivent devant l'une des plus grandes bâtisses du quartier.

– Voilà ! C'est ici qu'il loge avec sa famille.

La porte semble ouverte.

Asqudum la pousse et pénètre dans la maison. Dans la pièce principale une lampe à huile brille faiblement.

Asqudum appelle :

– Samarân ! Où es-tu ?

Aucune réponse ne vient.

Asqudum attrape la lampe à huile et entre dans la seconde pièce, suivi par Malik et Gurrudu.

Un certain désordre règne. Soudain il s'arrête.

– Grands dieux !

Les deux autres s'approchent.

Au sol on aperçoit trois corps gisant dans leur sang. Celui de Samarân et sans doute ceux de sa femme et de son fils.

Asqudum s'avance, s'approche, observe.

Gurrudu demande au devin royal :

– Que s'est-il passé ?

– Ils ont été assassinés, égorgés, il y a quelques instants à peine. Les corps sont encore chauds.

Malik ajoute :

– Il aura payé bien cher sa trahison.

– Nous ne saurons jamais s'il m'a envoyé le messager ou si quelqu'un a utilisé son nom.

CHAPITRE 9

On n'entend plus que des chuchotements, des paroles feutrées, des acquiescements discrets. Le soupçon et le doute dominent l'assemblée des conspirateurs. Seules deux petites lampes éclairent la pièce, créant ainsi des ombres fantastiques. La scène n'en est que plus inquiétante. Il a fallu changer le lieu de rencontre, depuis les événements de la veille. La disparition de certains des membres les plus actifs a été perçue comme un coup dur. Chacun, prévenu par un messager porteur d'un mot de code secret, est venu, l'esprit inquiet.

Est-ce un premier revers ? La suite ne s'annonce-t-elle pas plus difficile maintenant ?

L'un d'eux prend enfin la parole. C'est Asharid, cet obscur fonctionnaire du palais qui porte sur la joue une cicatrice, mais qui a toute la confiance des responsables.

– Vous pouvez constater que l'intendant du temple n'est plus avec nous. Sa présence va nous manquer. Mais il n'est pas le seul. Notre ami Abî, qui a beaucoup fait, est également tombé. Et d'autres encore tomberont. N'est-ce pas là le tribut que nous devons payer ?

Personne n'ose répondre que la vie est un bien lourd tribut à payer, surtout quand il s'agit de la sienne.

La discussion s'anime un peu. On demande ce qui est prévu, et s'il faut continuer.

Asharid affirme que oui.

Il tente alors de convaincre ceux qui hésitent. Composée essentiellement de commerçants et d'artisans, l'assemblée est assez sensible à ses arguments économiques. Et quand le plus grand nombre finit par admettre la nécessité de passer à l'action, Asharid, satisfait, ajoute :

– Nous ne pouvons plus reculer. Nous allons agir au plus vite. Donnez les instructions à tous ceux qui sont sous vos ordres. À la tombée de la nuit, vous verrez le premier signal. Agissez selon le plan. Tout pourra commencer.

Un murmure d'approbation générale lui répond. La confiance a regagné les conspirateurs.

Chacun se lève alors et quitte discrètement la petite maison où s'est tenue la réunion.

Asharid referme la porte et se retourne vers un homme qui est resté assis au fond de la pièce.

– Tu as bien parlé. Tu sais manier les foules.

– Penses-tu que nous allons réussir ?

– Il ne faut pas en douter. La mort de l'intendant du temple de Dagan est gênante.

– Je sais. Mais il ne pouvait en être autrement. On serait remonté jusqu'à toi.

– Et cet homme qui est intervenu pour sauver le devin ?

– Je ne l'ai jamais vu avant. Abî n'avait aucune chance. J'ai dû m'enfuir sans pouvoir l'aider.

– C'est regrettable. Il n'avait pas son pareil pour agir. Et l'enquête va se poursuivre.

– Même après notre victoire ?

– Il faut envisager toutes les possibilités. Donne des instructions pour qu'on efface tous les liens possibles qui pourraient mener jusqu'à nous.

– Tous les liens ?

– Oui ! C'est mieux ainsi. Dans le feu de l'action, personne ne s'apercevra de rien.

Les deux hommes se saluent et, en prenant soin de ne pas être vus, quittent à leur tour la maison.

Asqudum tourne en rond dans la salle des archives. Il attend avec impatience la venue de Shû-Nuhra-Hâlu. Il doit parler avec le ministre des entrées du palais. La mort de l'intendant du temple nécessite qu'il se confie à quelqu'un de confiance. Il a choisi le ministre des entrées du palais, en espérant ne pas s'être trompé.

Rabum est resté à l'entrée de la pièce, veillant sur son maître. Asqudum lui a raconté en partie l'attaque dont il a été victime, en omettant de lui parler de Malik.

Shû-Nuhra-Hâlu arrive. Il est inquiet et méfiant comme on l'a rarement vu. Asqudum ferme la porte derrière eux.

Plutôt que d'attendre sans rien faire, Rabum se rend dans le couloir qui mène au quartier des femmes. Avec en tête l'idée de voir ou d'apercevoir la jeune servante de la princesse Shibtu. Elle fait partie des rares personnes du quartier des femmes à pouvoir sortir plus ou moins à sa guise.

Il attend avec l'ardente patience des jeunes gens et fait semblant de rien chaque fois que quelqu'un vient à passer.

Son esprit est assailli de doutes, d'incertitudes. Que fait-il ici ? Qu'attend-il vraiment ? Un regard, une parole ?

Soudain il l'aperçoit.

Son cœur s'emballe.

Elenza le voit à son tour, hésite une seconde, se dirige droit vers lui.

– Tu attends quelque chose ?
– Je voulais…
– Oui ?
– Il fallait…

Elenza se rend compte de son trouble. Elle s'amuse à ses dépens.

– Allons ! Un fier jeune homme comme toi, qui travaille pour un puissant devin, ne doit pas hésiter devant une pauvre servante comme moi…

Rabum rougit.

– Je voulais… m'excuser !
– T'excuser ? Mais de quoi ?
– De ce qui s'est passé avec mon maître.
– Je crois que tu n'y es pour rien… Mais si tu veux, je peux te pardonner.

Elle esquisse un sourire et reprend son chemin en lançant un de ses traits mortels :

– À bientôt, peut-être !

Rabum comprend à cet instant combien sont cruelles les jeunes femmes.

Il retourne jusqu'à la pièce où se sont enfermés son maître et le ministre des entrées du palais. Ils n'en sont pas encore sortis. Il s'installe contre la paroi, répétant et méditant sans cesse les dernières paroles d'Elenza.

Soudain la porte s'ouvre. Les deux hommes sortent en même temps. Ils semblent nerveux, agités. Rabum s'en inquiète. Shû-Nuhra-Hâlu prend le couloir par la droite, Asqudum par la gauche. Rabum lui emboîte le pas.

Ils sortent tous les deux du palais.

Le devin royal s'arrête soudainement et se tourne vers son jeune assistant.

– Je crois que sous peu l'avenir du royaume va se jouer.

Rabum le regarde avec étonnement.

– Je ne comprends pas.

– Moi non plus.

Inib-Shina regarde s'éloigner celui qu'on appelle le prophète et le groupe agité de ceux qui le suivent dans sa pérégrination. Elle a écouté sur la place en contrebas de l'esplanade le discours de l'homme. Une chose l'a troublée : la ferveur de ses propos. Discrètement elle s'est glissée dans la masse des badauds pour entendre et comprendre. Ce n'est pas le premier prophète à annoncer de terribles malheurs. Le plus troublant est la façon dont il accapare l'attention de la foule. Cet homme possède un réel pouvoir de persuasion, et ils sont nombreux à être subjugués par ses annonces et ses présages. Sans doute son regard profond, son visage maigre et teinté par le soleil, ses gestes fougueux y sont pour beaucoup. Sans vraiment prêter attention à ce qu'il a raconté, elle est restée un instant envoûtée par le rythme et la sonorité de sa voix. Elle comprend mieux ce qui fascine chez lui.

Elle a tenté de se renseigner sur cet homme. Personne ne sait grand-chose de lui. Il vient de Terqa, ou d'ailleurs, ou du Sud, ou de nulle part. Il descend d'une grande prêtresse, ou d'un héros ou même d'un dieu. Il parle la nuit avec les divinités. Et ça, tout le monde en est convaincu.

Deux choses pourtant l'inquiètent dans ce groupe qui disparaît maintenant de sa vue. La première est la présence, dans les rangs des suiveurs, de plusieurs hommes au comportement étrange. Ils ne semblaient pas particulièrement intéressés par les paroles du prédicateur, mais leurs regards étaient fixés sur la foule. Ils scrutaient, observaient, contrôlaient. Inib-Shina en est certaine. Il peut s'agir d'hommes au service du roi, mais elle en doute. La seconde est la présence de plusieurs prêtres et novices du temple de Dagan. Elle les a reconnus.

Asqudum, son beau-frère, n'est-il pas venu récemment lui parler du temple de Dagan et des soupçons qui pèsent sur les servants de ce dieu ? Elle se hâte de regagner son propre temple où elle doit conduire une cérémonie.

Elle arrive dans le sanctuaire d'Addad. Préoccupée, elle accomplit les gestes rituels d'une façon totalement machinale, récite les paroles sacrées sans réfléchir à leur signification.

Il faut qu'elle trouve Asqudum, qu'elle lui rapporte ce qu'elle a vu.

Une étrange journée se déroule dans la maison d'Asqudum. Hibram qui se fâche contre son jeune élève. Celui-ci qui veut plutôt jouer qu'étudier. Les serviteurs qui reviennent troublés du marché et qui parlent d'agitation en ville. Yakun-Bâli qui a du mal à tenir les tisseuses. Asqudum qui passe rapidement. Son épouse qui veut l'entretenir un instant sans y parvenir. Inib-Shina qui revient et qui cherche à parler absolument à son beau-frère.

Yamama, voyant cela, est lentement gagnée par une sorte d'angoisse. À elle aussi il lui semble qu'une excitation anormale s'est emparée de Mari. La dernière fois qu'elle a ressenti un tel malaise, c'était lors de la prise de pouvoir de Zimri-Lim. Son visage s'assombrit.

Yakun-Bâli, qui vient de la rejoindre dans la cour de la demeure, s'en aperçoit.

– Moi aussi je suis inquiète. Mais que pouvons-nous faire ?

Yamama lui saisit les mains.

– Quelque chose va arriver. Préparons-nous. Renvoie les tisseuses chez elles et ensuite fais fermer les portes. Je vais veiller à distribuer aux serviteurs de quoi nous défendre si nécessaire.

Le soleil se couche. La ville est remuante, bien plus qu'à l'ordinaire, quand le peuple de Mari, fatigué par sa journée de travail, rentre en silence, dès que Shamash, l'astre solaire, quitte le ciel pour son repos quotidien derrière les montagnes occidentales.

Sortant d'une auberge du quartier des artisans, cinq hommes remontent une ruelle en direction d'un entrepôt désaffecté. Ils demeurent silencieux tout le long du parcours. L'un d'eux tient une torche allumée à la main. Un autre observe sans cesse autour de lui.

Asharid entre le premier dans l'entrepôt. Il est suivi par Karshan, l'artisan du bois, qui a apporté là, la nuit précédente, un tas de fagots. Les autres sont des commerçants. Asharid fait disposer les fagots aux quatre coins de l'entrepôt avant de les faire allumer. Il observe longuement le lent embrassement du bâtiment au toit composé de roseaux séchés. Hypnotisé par la danse vive des flammes, ses yeux brillent, son corps palpite. Il semble jouir de ce brasier naissant.

– Cette nuit, la cité sera entre nos mains.

Assis sur le toit de leurs maisons, ils sont nombreux à guetter. Quand les premières flammes accompagnées de volutes de fumée apparaissent dans le quartier des artisans, ils comprennent qu'il est temps d'agir. Ils descendent d'un coup, sortent de différentes cachettes les bâtons et les armes qui s'y trouvent.

Ils quittent alors leurs domiciles, se dirigent rapidement dans les demeures où ils sont attendus pour la distribution. Dans toute la ville se forment ainsi des petits groupes qui attendent à présent le deuxième signal.

Le responsable du quartier des artisans, un jeune homme vif, a été prévenu. Il met en place la lutte contre l'incendie. Les sbires conduits par leur responsable y participent. Dans ce quartier où le bois et les tiges de roseau sont stockés en grande quantité, il y a un vrai danger de propagation.

La crainte des flammes fait sortir de nombreux habitants de chez eux. Les potiers sont les premiers à agir. Ils connaissent bien les risques du feu.

Sâdan envoie son fils prévenir Malik, mais celui-ci n'est pas dans sa chambre.

Tous deux rejoignent alors les potiers et les autres artisans déjà à l'œuvre. En un immense cortège, on va et vient, portant des récipients remplis d'eau pour les jeter sur les flammes qui déjà lèchent les bâtiments voisins.

Sâdan craint que le combat ne devienne vite inégal.

C'est alors qu'une rumeur arrive jusqu'à eux.

Un deuxième incendie s'est déclenché dans le quartier du port.

On court dans tous les sens. Gurrudu vient d'être appelé. Il quitte sa demeure et se rend sur la petite place où une modeste maison est en flammes. Il ne remarque pas le petit groupe d'hommes qui se faufilent entre les ruelles, certains portant des bâtons, d'autres des poignards.

Gurrudu organise avec une certaine autorité qu'on ne lui connaît pas le combat contre le feu.

Sur ses instructions, les habitants des maisons avoisinantes forment une chaîne humaine en direction du canal. Chacun attrape ce qu'il peut pour transporter de l'eau vers le brasier. Les crépitements et les cris forment une étrange clameur qui répond en écho à celle qui provient du quartier des artisans.

Gurrudu s'essuie le front, donne un ordre, court dans un sens, attrape une cruche, revient vers le brasier, lance l'eau contre un mur qui menace, souffle un instant.

– Que se passe-t-il dans cette ville ?

Sur une place où est assemblée une petite foule, le prophète discourt inlassablement. Les malheurs qui doivent s'abattre sur la ville sont déjà là. Une voix s'élève dans la foule :

– C'est la faute du roi.

D'autres voix reprennent le propos en chœur.

Le prédicateur esquisse un sourire.

C'est alors qu'un troisième incendie éclate à l'autre bout de la ville.

C'en est trop pour les habitants ici rassemblés.

Un groupe d'hommes, parmi lesquels on reconnaît des prêtres de Dayan, commencent une étrange distribution. Ils ont en main des bâtons et en offrent à ceux qui se sentent le courage de les manier.

La même scène se reproduit à différents endroits de la cité.

Des nouveaux groupes se forment un peu partout. Des cris de ralliement se font entendre. Le plus efficace est : « Au palais ! »

Asqudum observe la ville. Il voit les incendies et perçoit l'agitation. Le chaos s'installe. Tout s'est mis en place et il n'a rien vu venir.

Il retourne au palais, demande si des ministres sont encore présents ; la plupart sont rentrés chez eux. Il fait appeler par un serviteur Shû-Nuhra-Hâlu qui est encore là.

Celui-ci arrive sur le champ. Il saisit lui aussi la gravité de la situation. Trois incendies, des groupes qui s'activent à travers la ville, des cris, des plaintes. Une vraie menace !

Shû-Nuhra-Hâlu donne des ordres. Il faut rassembler la garde, faire rappeler ceux qui sont au repos, assurer la défense du palais, remettre de l'ordre dans la cité.

Asqudum l'aide dans sa tâche. On constate que les gardes sont bien peu nombreux du fait de la guerre que mène le roi, et qu'ils ne pourront défendre toutes les entrées du palais. Il faut trouver au plus vite le gouverneur de Mari pour qu'il fasse sortir des casernes les soldats qui sont restés en ville.

Des messagers sont dépêchés partout où on estime pouvoir le trouver.

Asqudum, inquiet, envoie un serviteur s'informer de ce qui se passe chez lui.

Mais les événements se précipitent d'un coup.

Sur la place qui fait face à l'entrée du palais et où se trouvent maintenant regroupés une quarantaine de gardes et presque autant de serviteurs armés, trois groupes compacts d'émeutiers apparaissent.

Rabum, qui suit son maître comme une ombre, s'alarme :

– Maître, ils sont des centaines.

– J'ai vu !

Rabum se met à penser à Elenza. Il se saisit d'un lourd bâton, vérifie que la dague que lui a offerte Asqudum est bien à son côté et sert la petite figurine en terre qu'il a trouvée sur la jeune fille morte.

Nanna est préoccupée par la présence d'émeutiers en ville. Partout on gesticule, partout on court, partout on crie. Personne ne sait ce qui se passe. Une folle ivresse s'est emparée de la ville.

Avec l'aide de ses filles, elle barricade sa taverne, en éteint les lumières pour ne pas attirer l'attention. Au moment où elle va fermer définitivement, on frappe avec force. Elle reconnaît la voix de Gurrudu.

– Vite ! Ouvre-moi.

Ce qu'elle fait.

Gurrudu entre, visiblement terrorisé. Il referme lui-même la porte et s'y adosse de tout son poids.

Nanna s'inquiète :

– Que se passe-t-il ?

– On me cherche. Des assassins sont à ma poursuite.

– Pourquoi cela ?

– Je ne sais pas. Je rentrais chez moi après avoir aidé à éteindre l'incendie. Ils étaient cinq ou six postés devant ma maison, les armes à la main. Je me suis caché pour les observer. Ils frappaient et tentaient d'entrer, en poussant des cris d'animaux. J'ai eu peur et je me suis mis à courir en sens inverse. Mais l'un d'eux m'a aperçu et ils se sont lancés à ma poursuite. Comme je connais mieux les ruelles qu'eux, j'ai pu les semer.

– Tu es sûr qu'ils ne sont plus derrière toi ?

– Certain… enfin presque !

Le gros homme tremble encore.

Nanna ordonne :

– Monte à l'étage et cache-toi dans une des chambres.

Gurrudu obéit rapidement. Trop heureux de recevoir une telle injonction.

Le prophète attend dans l'ombre, près du port. Il observe avec délice toute cette fièvre. Ceux qui l'ont suivi durant ces derniers jours ont disparu d'un coup pour se retrouver dans les quartiers à la tête des petits groupes qui s'agitent à travers la ville.

Il est temps pour lui de se rendre à son rendez-vous et d'achever ce qui a été commencé.

Il attrape son bâton et se met à marcher, les yeux emplis d'allégresse.

Malik, caché sur un toit, observe les mouvements des uns et des autres. De petits groupes vont et viennent. Il est trop tard pour agir. Surtout seul. Les événements se sont précipités. Et il lui faut éviter d'être pris dans ce tumulte qui va engloutir Mari.

Il doit rejoindre la demeure de son ami Sâdan où il est certain de pouvoir se cacher.

Un instant la ruelle est calme et il se prépare à sauter du toit. Mais un nouveau groupe fait son apparition. Il faut attendre à nouveau.

Le groupe s'arrête. Ils sont quatre, portent des armes à la main, et se mettent à frapper contre une porte. Malik reconnaît l'entrée de la demeure du juge Dada.

Comme personne n'ouvre, ils entreprennent de détruire la lourde porte de bois.

Malik, intrigué, se demande pourquoi on s'en prend à cette maison alors que tout le monde se dirige vers le palais royal.

La porte craque. Elle est presque enfoncée. Il saute alors sur le toit suivant. Encore un effort et il atteindra celui de la maison du juge sans être vu. Il prend son élan. Il saute. La ruelle est assez large, mais il parvient de justesse à se rattraper. Au même instant les hommes pénètrent dans la cour de l'édifice.

Le juge Dada et deux de ses serviteurs sortent. Ils ne sont munis que de simples bâtons pour se défendre. Les quatre hommes s'avancent vers eux.

Malik n'hésite pas. Il aperçoit des briques de terre, entreposées là dans l'attente d'être utilisées.

Il en ramasse quelques-unes et s'approche du bord du toit.

L'un des quatre hommes, un couteau à la main, interroge :

– Es-tu le juge Dada ?

– Pourquoi cela ?

– Nous avons ordre de t'éliminer.

– Qui donne de tels ordres ?

L'homme ne répond pas. Il vient de recevoir une brique de terre sur la tête. Il lâche son couteau, porte la main à son crâne. Il essuie rageusement le sang qui lui poisse les doigts. D'autres briques pleuvent sur les assaillants.

Le juge Dada comprend que les dieux sont venus à son secours. Il se jette dans la bataille, brandissant son bâton, poussant des cris furieux. Ses serviteurs l'imitent.

Les assaillants sont pris au dépourvu. La mission devait pourtant être facile.

Le juge Dada frappe au hasard, saisi par une curieuse folie.

Les assaillants reculent sans pouvoir rien faire. Les deux serviteurs bastonnent en règle celui qui a reçu la première brique et qui se traîne maintenant au sol, implorant une improbable pitié.

Malik observe la scène sans plus intervenir. Les trois assaillants encore valides tournent les talons, s'enfuient en courant, laissant là leur camarade. Le juge tente de les poursuivre jusqu'à la porte détruite de sa demeure.

Il jette un coup d'œil dans la ruelle. Ils ont déjà disparu.

Puis il dirige son regard vers le toit et aperçoit une ombre s'éloigner.

Il ne saura jamais qui s'est porté à son secours.

Meni-El, l'ambassadeur d'Eshnunna, marche dans une ruelle, accompagné d'une petite milice d'une dizaine de serviteurs armés. Les troubles qui règnent en ville viennent confirmer ses informations. Un changement de régime est en cours à Mari. Les contacts qu'il a entretenus avec les chefs des émeutiers lui laissent beaucoup d'espoir. Eshnunna peut encore faire de Mari un allié sûr contre les visées de Babylone.

De temps à autre il croise des grappes humaines qui fuient se cacher ou se rendent au palais pour participer à l'action.

Le plan des émeutiers est habile, tout ou presque a été calculé, il ne voit pas comment Zimri-Lim pourra conserver son trône. Pourtant d'autres incendies ont éclaté et la situation semble plus confuse qu'il ne l'avait imaginé. Il ne faut pas que cela dégénère.

Le visage inquiet, les yeux perdus, Rishiya se retrouve seul pour défendre l'entrée du quartier des femmes. Il s'est muni d'une javeline, mais l'arme semble plus encombrante que rassurante.

Il perçoit derrière la porte les cris et les mouvements des femmes qui s'agitent.

Shibtu a l'air grave. On vient d'annoncer que le palais est encerclé. Les femmes savent ce que peut signifier une émeute et la prise du palais. Le viol n'est pas le pire des maux qu'une troupe furieuse peut leur infliger.

La reine, Dam-Hurâsi, s'est retirée dans une petite pièce, accompagnée de ses servantes, comme indifférente à la situation. Sa froideur n'était donc pas qu'une façade. Shibtu en reste déconcertée. Mais elle réfléchira une autre fois aux états d'âme de la première épouse.

En l'absence de la reine mère et de Dam-Hurâsi, Shibtu représente l'autorité la plus haute du quartier des femmes.

Servantes et musiciennes attendent, pleines d'inquiétude, sa réaction.

Shibtu élève la voix au-dessus des murmures :

– Allons-nous subir, comme c'est l'habitude ?

Aucune n'ose répondre.

Elle poursuit son exhortation :

– Je préfère mourir que de subir les outrages des assaillants. Notre maître n'aura pas à rougir de nous. Allez dans les cuisines, prenez tous les couteaux et tout ce qui pourra servir à nous défendre. Nous lutterons.

Les femmes se regardent, étonnées. Les plus déterminées approuvent vivement et s'élancent à la recherche d'armes de fortune, bientôt imitées par leurs compagnes. Quand toutes sont revenues, équipées des instruments les plus disparates, mais prêtes à combattre, Shibtu organise une défense sommaire et fait déplacer les meubles pour protéger sa troupe.

On peut venir, on sera attendu.

Les gardes et les serviteurs sont rangés en ordre de bataille, et se préparent à défendre les portes du palais. On a ouvert les réserves et toutes les armes disponibles en ont été sorties. Asqudum s'est coiffé d'un casque et s'est muni d'une lance. Rabum a trouvé un bouclier qu'il entend bien utiliser pour protéger son maître.

Les premières pierres jetées par les émeutiers commencent à atteindre les défenseurs.

Asqudum est inquiet, Shû-Nuhra-Hâlu également. Ils ne sont qu'une petite centaine. Il leur faut au plus vite des renforts.

Bahdî-Lim, l'intendant du palais, accompagné d'un messager, revient essoufflé. Ils ont réussi à se faufiler sans être remarqués des émeutiers. Ils n'apportent pas de bonnes nouvelles. Impossible de trouver le gouverneur de Mari et les casernes sont presque vides. Les troupes qui auraient dû être stationnées en ville manœuvrent actuellement dans la steppe et leur retour n'est prévu que pour le lendemain. Quant aux quelques soldats demeurés sur place, ils ont été envoyés en patrouille pour aider à combattre les incendies.

Asqudum et le ministre des entrées maudissent le sort qui s'acharne contre eux.

Les émeutiers se sont eux aussi rangés en ordre. Un funeste silence se fait au milieu du tumulte qui continue de monter de la ville. Chacun s'observe. Chacun attend le moment de l'affrontement dans la nuit sombre que les lueurs rougeâtres des incendies et la lune pâle illuminent.

Soudain une rumeur gronde.

Elle monte de la porte du Roi, au nord. Quel peut être ce nouveau malheur ?

Des bruits et des cris fusent par-delà les remparts. Les défenseurs et les assaillants se perdent en conjectures.

Tout à coup, une voix venue de nulle part domine tout le reste :

– Le roi ! Le roi est de retour !

CHAPITRE 10

Dans le quartier des femmes règne un silence inquiétant. Rishiya n'en peut plus d'attendre. Il a réussi à regrouper autour de lui deux serviteurs apeurés. Tous trois se tiennent devant la porte.

– On n'entend rien ! Qu'est-ce que cela veut dire ?

Les deux serviteurs se regardent, ne savent quoi répondre.

Rishiya ordonne à l'un d'eux d'aller voir ce qui se passe.

L'homme hésite mais Rishiya le contraint du

regard. Le chef de musique a toujours, face à plus faible que lui, une certaine autorité. Le serviteur attrape alors une lampe et prend, résigné, la direction de l'entrée principale du palais.

L'obscurité domine. Il avance lentement. Étrange sensation que ce palais vide et muet où quelques heures plus tôt la foule des serviteurs, des esclaves, des fonctionnaires et des gardes s'agitait.

Sa lampe renvoie des ombres étranges et une angoisse irraisonnée gagne son esprit, écartant toute pensée rationnelle. Les démons noirs sont entrés dans le palais, et ils vont l'emmener en enfer.

Soudain le serviteur perçoit un mouvement. Son cœur s'emballe, ses mains sont prises d'un tremblement qu'il ne cherche même pas à contrôler. Il tente de se cacher dans un recoin. Il entend des bruits de pas et des voix, mais elles sont trop confuses pour qu'il puisse en saisir le sens. Il jette un œil dans le corridor. Un groupe s'approche de lui. Une dizaine d'hommes formant une masse compacte. Il reconnaît le cliquetis caractéristique des armes. C'est la fin.

Il souffle sa lampe et la pose à terre. Il se fait plus petit que jamais, serrant sa javeline contre lui. D'où il se tient, il peut aussi voir la grande cour à ciel ouvert.

Le groupe la traverse. À la faible lumière de la lune il distingue les tuniques. Il lâche sa javeline qui résonne bruyamment sur le sol dallé et se met à courir.

Rishiya s'étonne de son retour prématuré.

Le serviteur s'écrie :

– Ils sont de retour ! Ils sont de retour !

– Qui ?

– Les soldats de la garde ! Nous sommes sauvés. Je les ai reconnus ! Ceux qui sont partis avec le roi.

Rishiya demande confirmation avant de se jeter sur le serviteur pour l'étreindre. Puis il se précipite dans le quartier des femmes. Il pousse violemment la porte qui résiste. Il est accueilli par des hurlements. Des femmes se ruent sur l'intrus, Shibtu à leur tête. Il est frappé plusieurs fois avant d'avoir le temps de s'écrier :

– C'est moi ! C'est Rishiya.

Il reçoit deux autres coups de bâton. Les femmes enfin le reconnaissent, étonnées.

Il crie :

– La garde est de retour ! Le roi revient !

Meni-El court à la tête de sa petite milice. Il a traversé la ville et maintenant il veut voir de ses propres yeux la fin du règne de Zimri-Lim. Il traverse l'esplanade des temples, quand il aperçoit des prêtres qui rentrent précipitamment dans le temple de Dagan. Il tourne et prend la direction du palais. Le fait qu'une foule nombreuse avance à contresens ne le préoccupe guère sur l'instant. Sans doute le palais est-il pris et on se prépare à assaillir d'autres bâtiments officiels. Il arrive sur la place qui fait face à la porte principale de l'édifice. Son visage se métamorphose quand il aperçoit le roi à la tête de sa garde. Son esprit se trouble. Il n'avait pas imaginé une telle situation.

Il poursuit cependant. Arrivé à la hauteur du roi, qui est entouré de ses soldats et de ses ministres, il se courbe.

– Quand j'ai appris que des affrontements avaient lieu au palais royal, j'ai rassemblé mes serviteurs et je suis venu me mettre au service du palais.

Le roi le regarde.

L'ambassadeur d'Eshnunna ajoute :

– Je ne pouvais imaginer que le roi serait lui-même à la tête de ses troupes.

– Peu de gens l'imaginaient, semble-t-il.

Le roi de Mari remercie l'ambassadeur d'Eshnunna pour le soutien précieux qu'il lui a apporté dans ces moments délicats.

L'ambassadeur s'incline à nouveau, reprend le chemin de sa demeure, rouge de rage et de confusion, sans savoir si Zimri-Lim s'est moqué de lui, ou s'il était sincère.

Asqudum, qui se trouve derrière le roi, esquisse un sourire en regardant l'ambassadeur s'éloigner. Le roi, se retournant, lui demande un rapport détaillé sur les dernières heures. Asqudum retire son casque. Il cherche Rabum du regard, mais celui-ci a disparu. Sans doute à la recherche d'une certaine jeune servante. Et il se lance dans le récit de ce qu'il sait, ou croit savoir.

Nanna ouvre la porte. La fièvre qui s'était emparée de la ville s'est apaisée aussi vite qu'elle était montée. Gurrudu sort de sa cachette et la rejoint sur le seuil de la taverne.

– Tu comprends ce qui se passe ?

– Pas vraiment.

– Tu devrais aller te renseigner.

– Moi ?

– N'es-tu pas le chef de quartier ?

– Sans doute ! Mais on est peut-être encore à ma recherche.

– Les rues sont redevenues calmes. Va donc te renseigner.

Une étrange et pitoyable douleur transparaît sur le visage de Gurrudu. Il fait presque pitié à voir. Nanna demeure inflexible et lui tend son couteau. Que pourrait-il faire d'autre à part obéir ?

Il sort à pas lents. Nanna prend soin de refermer la porte derrière lui.

Le quai est désert, alors que peu de temps avant une foule de gens courait et gesticulait dans tous les sens.

Le bruit et la fureur se sont apaisés. Il se dirige vers sa demeure, attentif au moindre son, se cachant au moindre doute.

Quand il arrive dans sa rue, il remarque un homme qui tambourine à sa propre porte. Ce dernier n'a pas l'air d'être un de ces sanguinaires assaillants qui l'ont obligé, malgré lui, à fuir.

Il s'approche, le couteau à la main.

– Qui es-tu ? Que veux-tu ?

– Je suis un serviteur du palais. Tu es Gurrudu ?

Le chef de quartier hésite. Il s'agit peut-être d'un piège.

– Je le connais. Que lui veux-tu ?

– Le roi convoque tous les chefs de quartier. J'ai ordre de le trouver.

– Le roi convoque ? Quel roi ?

– Zimri-Lim !

– Il est de retour ?

– Il vient d'arriver à la tête de son armée !

– Avec son armée ? Loués soient tous les dieux !

Sans comprendre pourquoi, il se précipite dans les bras du serviteur et le serre contre sa poitrine.

– Nous avons un grand roi !

Le serviteur tente de répondre que oui.

Le calme est revenu dans le quartier des résidences. La demeure d'Asqudum reprend un semblant de vie. Tous se retrouvent dans la grande cour. On se rassure, on se réconforte, même si on n'a encore aucune nouvelle du devin royal.

Yamama ordonne à un serviteur de sortir s'informer de l'évolution de la situation au palais.

Il quitte la demeure et chacun commence à regagner son appartement ou sa chambre.

Yamama reste seule au milieu de la cour, se demandant encore quelle est la cause de cette effervescence qui a gagné la cité.

Tout à coup, la porte principale s'ouvre.

Le visage de Yamama se fige. Trois hommes sont entrés. À leur tête se trouve Karshan, l'artisan qui est venu prendre les mesures de la porte.

Elle pousse un cri. Les trois hommes se précipitent sur elle. Yamama lève les bras par réflexe. Karshan, le plus féroce, s'apprête à la frapper à l'aide d'un long couteau. Soudain il suspend son geste. Yamama, qui se protège toujours de ses bras, entrevoit un filet de sang lui couler du front. Karshan s'écroule en arrière. Ses deux complices hésitent. Trop longtemps sans doute car deux serviteurs accourent au secours de leur maîtresse. Les complices préfèrent abandonner le combat et décampent aussitôt.

Les serviteurs vont jusqu'à la porte, qu'ils referment.

Yamama se remet rapidement de ses émotions. Elle se penche vers l'homme. Il gît sur le sol. Au même instant Nakatum s'approche, une fronde à la main.

Yamama regarde, étonnée, le jeune garçon.

– Où as-tu appris à te servir de ça ?

– C'est mon père qui m'a montré l'usage de la fronde. Que voulaient ces hommes ?

– S'en prendre au devin royal, j'imagine.

Asqudum patiente dans la salle du trône en attendant que Zimri-Lim paraisse à l'audience. Les chefs de quartier ont été convoqués malgré l'heure tardive pour rapporter au roi le déroulement exact des événements. L'ordre et la sécurité sont maintenant assurés par la garde royale qui patrouille en ville et signifie à tous que le roi maîtrise la situation.

Les destructions causées par les troubles de la nuit sont assez modestes. Les incendies n'ont touché que des maisons abandonnées ou des entrepôts presque vides et les chefs de quartier ont agi avec célérité.

Bahdî-Lim entre. L'intendant du palais s'approche du devin royal.

– Je crois que la chance nous a souri.

– Je ne crois pas à la chance.

– Ces événements étaient-ils prévisibles ? Les incendies, l'émeute, le retour du roi ?

– Sans doute. Il aurait fallu pour cela interpréter correctement les signes. Mais mon esprit était accaparé par d'autres soucis.

– On dit qu'il a vaincu les tribus bédouines.

– Oui ! C'est une double victoire qu'il vient de s'offrir aux yeux des habitants de Mari.

Bahdî-Lim devient sérieux.

– Ne me dis pas que tu penses que le roi était au courant. Ni même qu'il a organisé tout ça.

Asqudum regarde l'intendant dans les yeux.

– Toi aussi, tu as quelques doutes. Mais nous y verrons plus clair demain.

Le juge Dada pénètre alors précipitamment dans la salle du trône. Il est essoufflé mais il parvient à s'écrier :

– Nous l'avons ! Nous l'avons !

Tout le monde se retourne.

Il s'avance vers Asqudum et Bahdî-Lim.

– Nous l'avons !

– Qui ça ?

– Le prophète.

Asqudum se réjouit.

– Où est-il ? Il faut l'interroger.

Le juge Dada se trouble à la question.

– C'est-à-dire que nous l'avons trouvé sur le bord du canal. Il était déjà mort ! Sans doute s'est-il noyé pour échapper à la justice royale.

Asqudum s'assombrit. Jamais il ne pourra connaître les motivations de cet homme, acharné à renverser Zimri-Lim.

Soudain, une idée lui traverse l'esprit.

– Où se trouve le corps ?

– Au tribunal. C'est là que mes sbires l'ont amené.

Asqudum quitte brusquement la salle du trône sous le regard inquiet du juge et de l'intendant du palais.

Zimri-Lim écoute le récit que lui font ses deux épouses des récents événements. Dam-Hurâsi parle de la terreur qui s'est emparée du palais quand les premières rumeurs des émeutes sont arrivées. Shibtu remercie simplement le roi d'être revenu à temps pour les sauver.

Rishiya intervient :

– Shibtu s'est comportée comme une vraie souveraine. Elle a maintenu le moral de tes femmes alors que le danger menaçait. Elle a organisé une défense des plus efficaces.

Zimri-Lim ne dit rien. Ses pensées sont accaparées par d'autres soucis. Il se retourne et quitte le quartier des femmes. On l'attend dans la salle du trône.

Shibtu ferme alors les yeux. Elle respire longuement, un étrange sourire vient de lui gagner le visage.

Asqudum ordonne à l'un des sbires du juge Dada de le conduire là où se trouve le corps du prophète. Le sbire s'exécute et mène le devin royal dans une petite pièce récemment blanchie à la chaux.

– Voilà, maître devin.

Le corps est posé à même le sol. Il n'a plus pour vêtement qu'un simple morceau de tissu autour des reins.

Asqudum s'approche du prophète. Il conserve par-delà la mort ce visage étrange et mystérieux qu'il a promené dans les rues de Mari ces derniers jours. Asqudum constate que le corps est à peine rigide. La mort est récente. Soudain il remarque une trace rougeâtre dans le bas du dos, au niveau des reins. Comme une entaille. L'homme a été tué d'un coup de couteau. Les adversaires de Zimri-Lim et les siens sont terriblement prévoyants.

L'audience royale se prolonge. Chacun explique avec conviction comment il fut vaillant face à l'assaut furieux des révoltés.

Gurrudu raconte sa folle nuit, sa course à travers les rues, un bâton à la main à la recherche des ennemis du roi.

Au moment de dresser la liste des insurgés, personne ne se souvient d'avoir aperçu une connaissance. La rumeur colporte qu'il s'agit d'étrangers venus secrètement en ville. Que le responsable est ce prophète de malheur. On apporte un dénombrement rapide des victimes. Une dizaine pas plus. Parmi elles on compte Asharid, un fonctionnaire du palais, qui a sans doute perdu la vie en défendant son roi.

On fait sortir les chefs de quartier.

Seuls restent Bahdî-Lim, Shû-Nuhra-Hâlu et un homme que le roi a gardé auprès de lui.

Asqudum revient enfin dans la salle du trône.

Le roi semble satisfait de son arrivée.

– Nous attendions notre devin.

– J'avais une chose importante à vérifier !

Zimri-Lim présente l'inconnu qui se tient à ses côtés.

– Voici Malik ! C'est lui qui a sauvé le royaume. Il m'a fait envoyer un message réclamant ma présence. La bataille contre les Bédouins était à peine finie que j'ai pris la tête d'une compagnie légère de mes gardes. Nous avons marché une nuit et un jour sans repos. Avant d'arriver à Mari, nous avons rencontré deux compagnies de soldats à la manœuvre et le gouverneur qui les inspectait. Au pas de course nous avons rejoint la ville. Il était temps.

Asqudum raconte qu'il a déjà eu l'occasion de rencontrer Malik.

Le roi demande :

– Quelqu'un sait-il quelque chose sur ce prophète qui n'aura plus l'occasion de s'expliquer devant moi ?

Le devin reprend la parole :

– Il est arrivé récemment en ville et rapidement il s'est mis à annoncer des malheurs.

– Quoi d'autre ?

– Nous ne savons pas d'où il vient. Il semble que certains des membres du temple de Dagan l'aient soutenu.

– Dagan ?

– Oui ! L'intendant sans doute. Mais il n'est plus là pour en parler. Lui aussi a été assassiné.

– Lui aussi ?

– Oui ! Car le prophète ne s'est pas noyé. Il a reçu un coup de couteau dans le dos avant d'être jeté dans le canal pour qu'il ne parle plus.

La tension est retombée dans la demeure d'Asqudum. Yamama, Madalaya et Yakun-Bâli bavardent dans la grande salle. Nakatum refuse d'aller se coucher. Il veut attendre le retour du maître. Sa mère ne songe pas à faire preuve d'autorité. Kabi-Addu les rejoint en compagnie du serviteur qui est allé au palais. Il rapporte ce qu'il a entendu en ville mais il n'a pas de nouvelles du devin royal. Il suppose qu'il se trouve auprès du roi, qui a réuni son Conseil.

Kabi-Addu conclut :

– Il sera sans doute bientôt ici. Il est tard et le roi ne peut le retenir indéfiniment.

– Je l'espère. Mais qui sait si les hommes qui ne l'ont pas trouvé chez lui ne l'ont pas recherché en ville ?

– Ne t'inquiète pas.

Yamama lance à son fils un regard où se mêlent incrédulité et affection.

– Je ne serai tranquille que quand il sera rentré.

Asqudum avance à grands pas. L'idée qu'il vient d'avoir lui paraît si terrible qu'il en frémit.

Alors il entend une voix derrière lui qui le fait sursauter :

– Où se rend le devin royal d'un pas si rapide ?

Il reconnaît Malik.

Il se retourne et attend que l'homme arrive à sa hauteur.

– Que fais-tu ici ?

– Sans doute la même chose que toi. Tu sais qu'Asharid est mort ? J'ai vérifié. Il a reçu un coup de couteau dans le dos. Comme le prophète.

Le devin hausse les épaules.

– Il fallait s'en douter. Il élimine les témoins.

– Comme il a voulu éliminer le juge Dada.

– Je ne savais pas pour le juge Dada.

– Je suis intervenu.

– Tu es notre sauveur.

– Tu connais mes raisons.

– Il y en a peut-être d'autres.

– Comment ça ?

– Ta relation avec le roi est étrange.

– Je n'ai fait qu'être ses yeux pendant qu'il était absent. Tu doutes de moi ?

– Non !

– Du roi peut-être ?

Asqudum ne répond pas et se contente de sourire.

Ils reprennent leur chemin et arrivent devant l'une des demeures les plus importantes de Mari.

La porte de l'entrée principale est grande ouverte. Dans la cour règne une certaine confusion. Des serviteurs s'affairent autour de chariots que l'on charge des objets les plus divers.

Asqudum et Malik entrent. À l'un des serviteurs, ils demandent où se trouve son maître.

– Dans la maison. Il se prépare.

Les deux hommes se glissent à l'intérieur. Le même désordre domine. Il est là ! Asqudum prend la parole.

– Tu pars, Itur-Asdu ?

– Le devoir m'y oblige.
– Le devoir ?
– Le roi m'a nommé à un poste d'inspection.
– Le roi ?
– Oui ! N'est-il pas notre maître à tous ? Je dois relever les points faibles de nos défenses à travers tout le royaume. Une mission de confiance. Mais que puis-je offrir à mes deux visiteurs, sachant que je suis sur le départ et que mon hospitalité sera indigne de vous ?

Asqudum présente alors son compagnon :

– Voici Malik. Son nom ne te dira rien. Mais il vient d'une famille très illustre puisqu'il est le frère du regretté Bannum.

Le gouverneur marque un temps.

– J'ignorais que Bannum avait un frère.
– Moi aussi. Une question et nous en resterons là pour ce soir.
– Je t'écoute.
– Pourquoi avoir fait assassiner Irdizzi ?
– Moi ? Tu m'accuses ? J'aurais commis un crime ? Comment peux-tu dire cela ?
– Le meurtre d'Irdizzi n'en est qu'un parmi d'autres. Bannum fut également ta victime, tout comme ceux, nombreux, qui se trouvaient sur ton chemin ou qui pouvaient remonter jusqu'à toi. L'intendant du temple, Asharid, les deux femmes, l'enfant…

Le gouverneur s'indigne :

– Je n'ai pas envie d'entendre de tels propos.

Il appelle et aussitôt trois serviteurs entrent dans la pièce, des bâtons à la main.

Asqudum explique, d'un air calme :

– Sache que j'ai eu du mal à comprendre tout ça. Mais en réfléchissant, d'une part, à ceux qui auraient eu intérêt à agir ainsi, et, d'autre part, à ceux qui étaient présents au palais durant les meurtres, j'en ai conclu que ce ne pouvait être que toi. L'idée d'éloigner les troupes des casernes a failli fonctionner.

– À qui feras-tu croire cela ? Où sont les preuves ?

– Elles ont été effacées par tes soins.

– C'est trop facile. Et jamais le roi ne te suivra sur cette voie.

Asqudum sait que le gouverneur a raison. Sans preuve, il ne pourra rien faire. Itur-Asdu occupe un poste trop important dans la hiérarchie du pouvoir.

Il interroge du regard Malik. Lui non plus n'a pas d'arguments. Asqudum sent que Malik refrène une sombre envie de se jeter sur le gouverneur.

Ce dernier remarque, ironique :

– Dois-je comprendre que notre accord matrimonial devient caduc ?

– Jamais je ne pourrai faire d'alliance avec toi.

– Tu as tort. Je suis puissant, riche et comblé. Nous aurions pu faire de grandes choses ensemble dans ce royaume.

– Tu reconnais ?

– Je ne reconnais rien du tout. Maintenant, permettez que je vous laisse. Mes serviteurs ont besoin de mes instructions. Adieu donc.

Les trois serviteurs se rapprochent. Asqudum et Malik préfèrent quitter la demeure du gouverneur.

– Il nous échappe.

– Nous ne pouvons rien faire. Mais au moins il sait que nous savons, et il ne pourra plus rien tenter contre le roi.

Ils font quelques pas dans les ruelles de la ville. Asqudum semble soucieux.

Il demande à Malik :

– Une chose ne te paraît-elle pas étrange ?

– Laquelle.

– Si comme moi tu penses qu'il est à l'origine de cette révolte, de ces assassinats, comment pouvait-il être à la fois à l'extérieur de la ville avec les troupes, suivre le roi pendant son retour, et en même temps donner l'ordre d'éliminer le prophète, ainsi qu'Asharid ?

– Tu as raison. Qu'est-ce que cela signifie ?

– Le gouverneur est responsable de beaucoup de choses. Il a commis des crimes, il a comploté, il a réussi à tromper le roi. Mais il n'est pas le seul. Il y a quelqu'un d'autre, quelqu'un de puissant, qui manipule, qui ordonne. C'est lui que je dois découvrir. Les ombres qui recouvrent l'Euphrate ne sont pas encore dispersées.

ÉPILOGUE

La fin de la troisième année du règne de Zimri-Lim fut marquée par un événement singulier.

Alors qu'il venait d'être nommé gouverneur de la province de Saggaratum, après être resté une année dans un poste itinérant d'inspection, Itur-Asdu fut victime d'une attaque sauvage où il laissa la vie.

Tandis qu'il visitait les travaux de réfection d'une digue, le nouveau gouverneur fut assailli par un homme habillé en simple paysan et muni d'un long couteau.

Selon ses serviteurs qui s'enfuirent plutôt que de porter secours à leur maître, l'homme s'était écrié en portant les coups fatals : « Tu payes pour mon frère et pour bien d'autres encore. »

Malgré les recherches, personne ne parvint à mettre la main sur l'assassin qui serait originaire du Sud.

Itur-Asdu fut rapidement remplacé par Yakkim-Addu au poste de gouverneur de Saggaratum.

· · · SAGIM · CANALE · · ·

Achevé d'imprimer en mai 2005
sur rotative Variquik
à Courtry (77181)

Imprimé en France

Dépôt légal : mai 2005
N° d'impression : 8546

L'imprimerie Sagim-Canale est titulaire de la marque
Imprim'vert© 2004